Bergtage für Familien

Allgäuer Wandererlebnisse für Groß und Klein

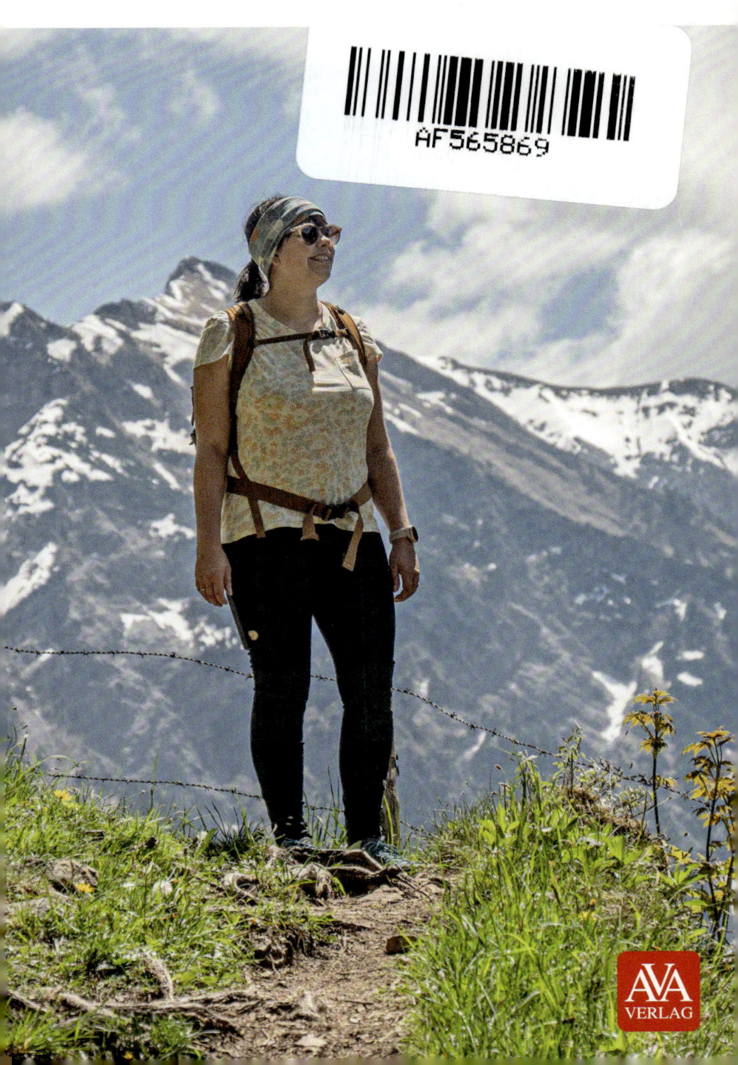

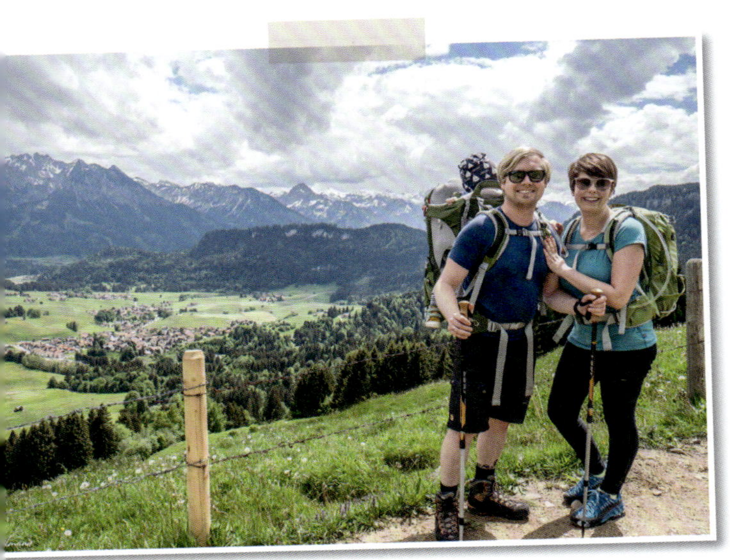

Vorwort

Wandern bedeutet nicht nur „höher, schneller, weiter". Wandern bedeutet für uns in erster Linie Genuss und Abschalten vom stressigen Alltag. Wir lieben es, die Ruhe der Natur beim Wandern zu genießen und unseren Alltag dabei zu entschleunigen.

Frei nach dem Motto „Hauptsache draußen" versuchen wir, wenn möglich, mindestens einmal die Woche raus in die Natur zu gehen und lernen dabei viele faszinierende Orte kennen.

Wandern bedeutet aber nicht nur Zeit an der frischen Luft zu verbringen, sondern sich auch Zeit als Familie oder mit Freunden zu nehmen. Deshalb suchen wir oft Touren aus, die sich für die gesamte Familie eignen.

Mit diesem Wanderführer möchten wir die schönsten Wandertouren für die ganze Familie in einer der schönsten Wanderregionen Deutschlands teilen.

Über die Autoren

Christian, Jana und der Zwergsteiger sind viel gemeinsam im Allgäu unterwegs und erkunden für ihren Genusswanderblog A Tasty Hike (www.atastyhike.de) spannende Wandertouren für Wanderanfänger, Genusswanderer und Familien. Christian ist gebürtiger Allgäuer und als Jana (geboren im Ruhrgebiet) 2012 ins Allgäu kam, war Jana das Wandern noch völlig fremd. Zunächst motiviert durch das köstliche Hüttenessen, schaffte es Christian nach und nach, Jana das Wandern schmackhaft zu machen. Heute mag Jana das Wandern auch des Wanderns und der Natur wegen. Das Allgäu ist dafür der perfekte Ort.

Seit 2016 erkunden sie das Allgäu nicht mehr alleine, sondern zusammen mit ihrem kleinen Zwergsteiger.

Jana Heinzelmann

Christian Heinzelmann

Tourenverlauf

Mithilfe unserer GPX-Daten downloaden –
So geht's:

Voraussetzung:
Eine Outdoor-App muss installiert sein, z.B. komoot oder outdooractive. Zum Einlesen des QR-Codes wird eine QR-Code-App benötigt (bei Apple-Geräten ist dies in der Kamera integriert).

Daten downloaden:

1. Den QR-Code einlesen und die Tour zum Download anklicken.
2. Bei Apple-Geräten werden nun die Daten direkt mit der vorab installierten App verknüpft. Bei Android-Geräten muss ggf. noch ein Weiterleiten-Button geklickt werden.
   Los geht´s – viel Spaß!

Inhaltsverzeichnis

● Leicht ● Mittel ● Anspruchsvoll

Rezepte:

Wegweiser fürs Wandern:

Erste Eindrücke und kleiner Vorgeschmack: Passende Wandervideos zu jeder Tour.

Zeichenerklärung

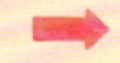 Länge

 Gehzeit

 Höhenunterschied

 Parkmöglichkeit

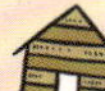 Alpe/Hütte

 Wander-Highlight

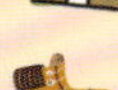 Wegbeschaffenheit

Wanderpackliste

Was braucht man eigentlich alles beim Wandern? Viele Dinge sind sinnvoll, andere Dinge braucht es gar nicht. Wir leben nach dem Motto: „So viel wie nötig und so wenig wie möglich." Denn am Ende müssen wir alles selbst den Berg rauf und wieder runter tragen.
Über die Jahre haben wir unsere Packliste deshalb immer weiter perfektioniert:

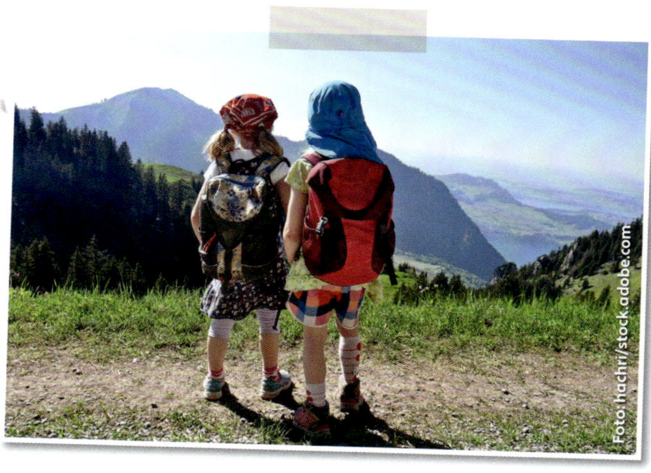
Foto: hachri/stock.adobe.com

Wanderkleidung:
- Wanderschuhe
- Wandersocken
- wetterfeste Jacke
- an das Wetter angepasste Kleidung

Ausrüstung:
- Wanderrucksack
- je nach Wandertour: Wanderstöcke
- Taschenlampe

Für das leibliche Wohl:
- ausreichend Wasser
- Snacks

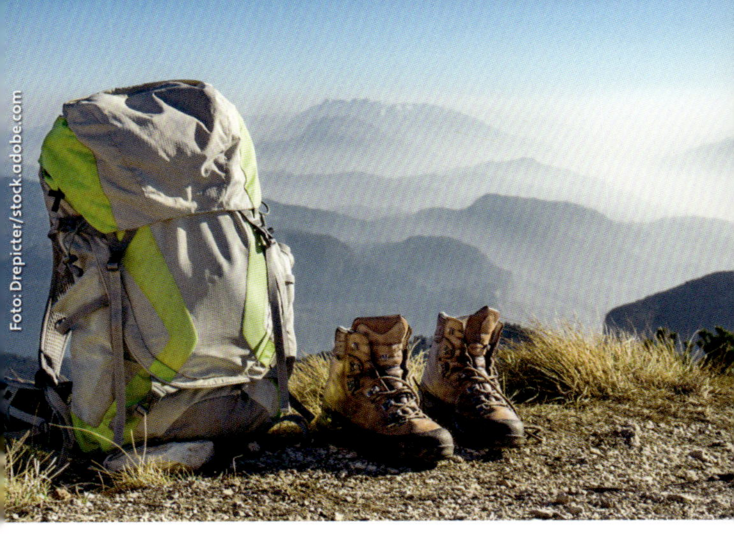

Wanderapotheke:

- Blasenpflaster
- Fenistil Gel
- Bepanthen Salbe
- Schmerztabletten
- Notfall-Erste-Hilfe-Set

Sonstiges:

- Sonnenschutz (Sonnencreme, Sonnenhut, Sonnenbrille) – auch im Winter nicht vergessen!
- Taschentücher
- Wanderführer/Wanderkarte/Wanderapp
- Handy
- Ausweis
- Geld

Packtricks

- Kleinigkeiten in Zipper Bags oder kleinen Beuteln verstauen. Das hilft, im Wanderrucksack organisiert zu bleiben.
- Frag bei jedem Teil: Brauche ich das wirklich? Unsere Füße und unser Rücken danken uns für jedes Gramm, auf das wir verzichten.
- Dinge, die häufig gebraucht werden, so packen, dass sie schnell erreicht werden können.

1

Gipfeltour
Alpspitz und Edelsberg

Kinderleicht zwei Gipfel bezwingen

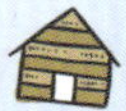

Sportheim Böck
Kontakt: Alpspitzweg 50,
87484 Nesselwang
www.sportheim-boeck.de

kinderfreundlich

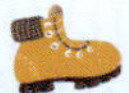

leicht begehbare Wanderwege, oben teils Wurzelwege, an einigen Stellen wird Schwindelfreiheit benötigt

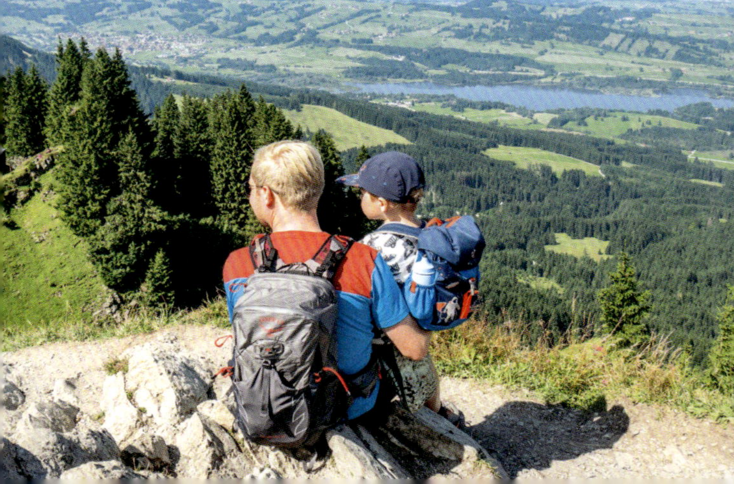

Aussicht Alpspitz

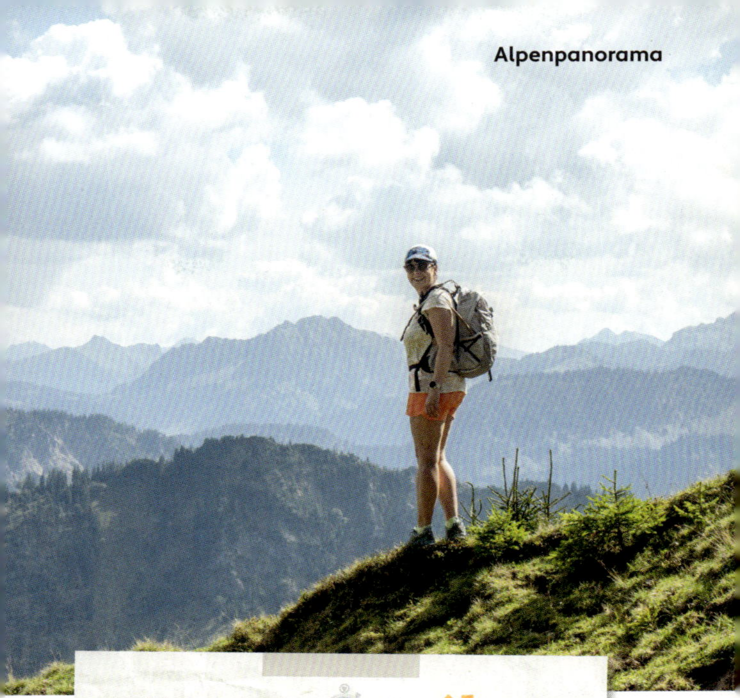

leicht ➡ 5 km ⏱ 3 h ⇅ 280 hm

Bergstation Alpspitzbahn

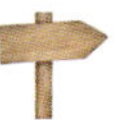

Wegverlauf:

Mit der Alpspitzbahn fahren wir bis zur Bergstation, wo wir unsere Wanderung beginnen. Wir halten uns nach der Bergstation zunächst rechts und wandern einen breiten und gut begehbaren Wanderweg bergauf, bis wir eine Weggabelung erreichen. Hier zweigen wir rechts auf den Weg in Richtung Alpspitz ab. Der Weg ist zunächst weiterhin recht breit, wird aber schon bald zu einem recht schmalen Wanderpfad.

Kurze Zeit später erreichen wir bereits die Aussichtsplattform Alpspitz ①, von wo aus wir eine herrliche Aussicht auf das Alpenvorland rund um Nesselwang genießen können. Weiter geht es nun auf einem schmalen Wurzelweg rauf zum Alpspitz-Gipfelkreuz ②, dem ersten Gipfel dieser Tour. Nachdem wir eine Weile am Gipfel verbracht und die

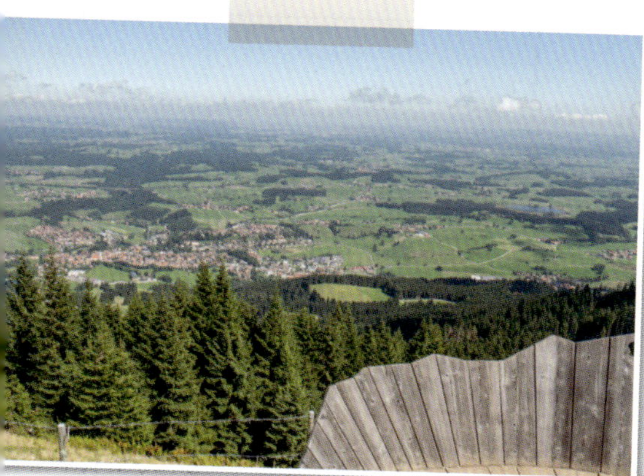

Aussichts-plattform Alpspitz

Dinserhütte

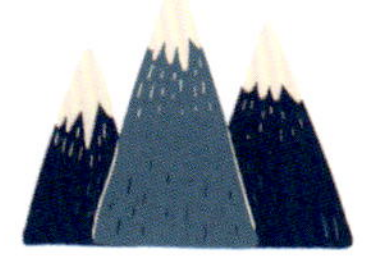

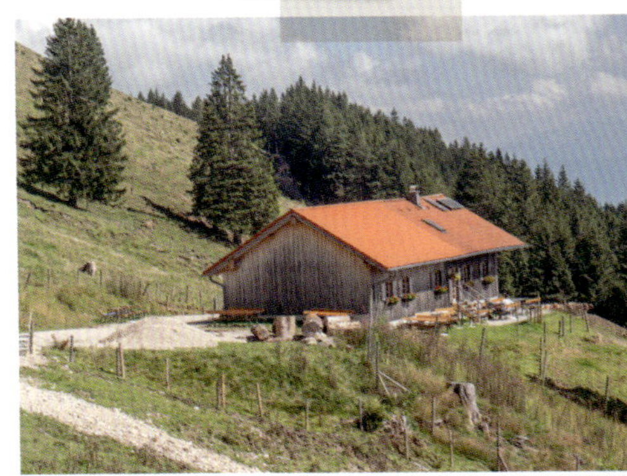

360°-Aussicht genossen haben, machen wir uns auf den Weg hinunter. Auf der anderen Seite des Gipfels verläuft ein ebenso schmaler Wurzelweg wie der, über den wir gekommen sind. Diesem folgen wir, bis wir wieder auf den breiteren Wanderweg kommen, der uns zurück zur Weggabelung bringt.

Hier wandern wir weiter geradeaus und folgen den Schildern in Richtung Edelsberg. Der Weg, der hauptsächlich durch den Wald führt, verläuft konstant bergauf, ist aber sehr gut begehbar.

Nach insgesamt etwas mehr als 2,5 Kilometern erreichen wir den Gipfel des Edelsberges 3 und machen auch hier wieder eine kleine Pause. Eine Infotafel informiert über die umliegenden Berge.

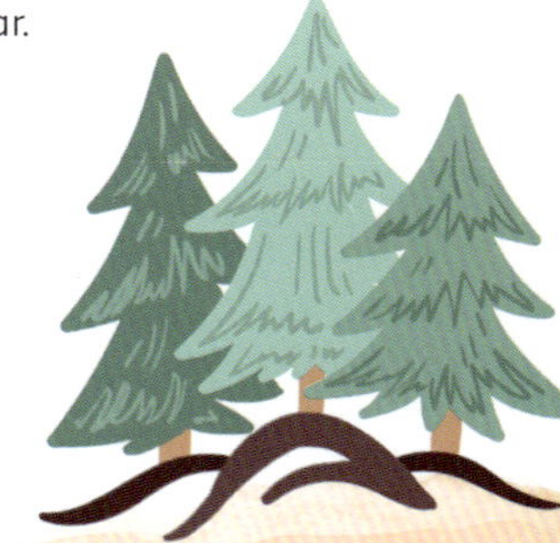

Danach geht es auf der Westseite des Gipfels weiter durch den Wald und über Wurzelwege bergab. Nach knapp einem Kilometer erreichen wir einen Fahrweg. Hier biegen wir links ab und folgen dem Fahrweg bis zur Dinserhütte 4. Diese hat Samstag, Sonntag und an Feiertagen für Wanderer zur Einkehr geöffnet und bietet eine herrliche Panorama-Terrasse.
Zurück zur Bergstation geht es danach in einem großen Bogen um den Edelsberg herum auf dem Fahrweg, der sich kurz nach der Dinserhütte gabelt.
Wir halten uns links, wandern noch einmal kurz bergauf, bevor wir dann mit einer herrlichen Aussicht zurück zur Bergstation gelangen. An besonders klaren Tagen können wir von hier sogar das Schloss Neuschwanstein sehen.
An der Bergstation angekommen lohnt sich ein kleiner Abstecher zum Sportheim Böck 5, um dort einzukehren.

Tipps

- **Dinserhütte**
  Kontakt: Auf dem Edelsberg, 87459 Pfronten
- **Alpspitzbahn**
  Kontakt: Alpspitzweg 5, 87484 Nesselwang
  Aktuelle Fahrzeiten & Preise:
  www.alpspitzbahn.de

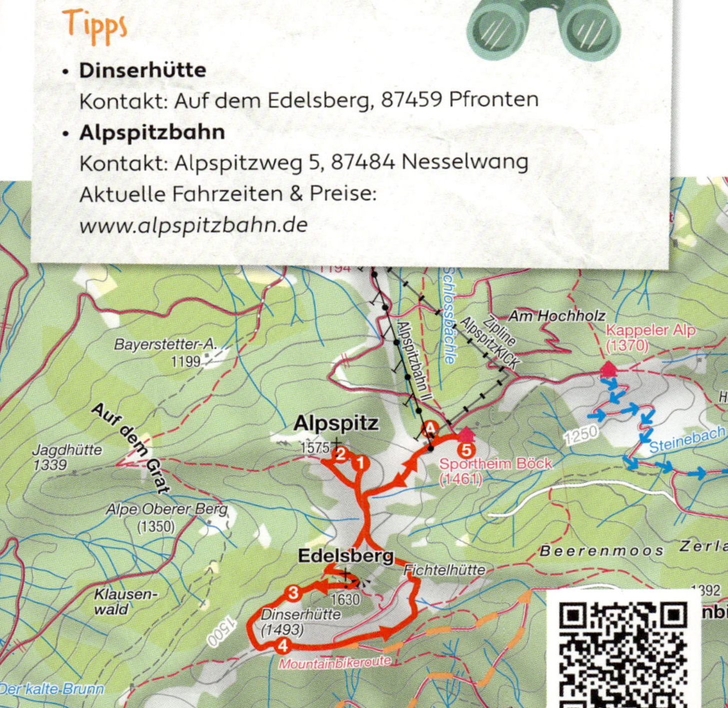

2

Wanderung am Breitenberg zur Ostlerhütte

Berghütte mit spektakulärem 360°-Bergpanorama

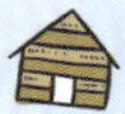

Ostlerhütte
Kontakt: Auf dem Breitenberg 6,
87459 Pfronten
www.huette-mit-herz.de

spektakuläre Aussicht, kinderfreundlich

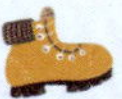

teils steile Wanderwege auf Geröll, ansonsten leicht begehbare Wanderwege

Link zum Wandervideo:

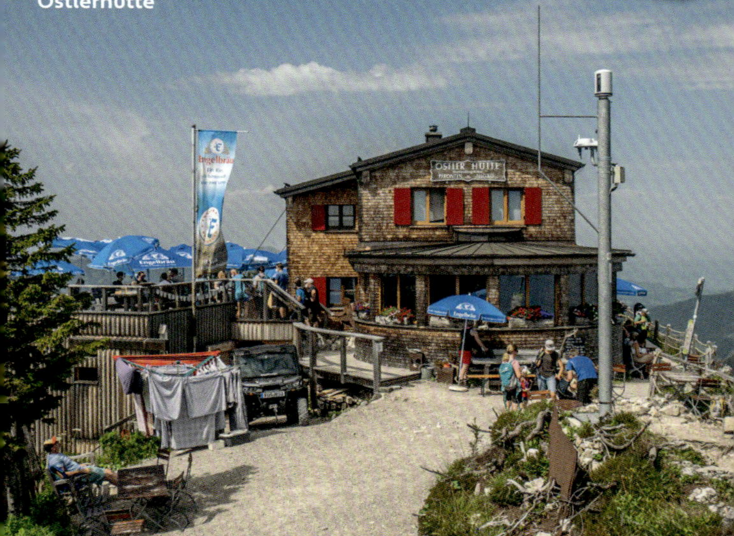

Ostlerhütte

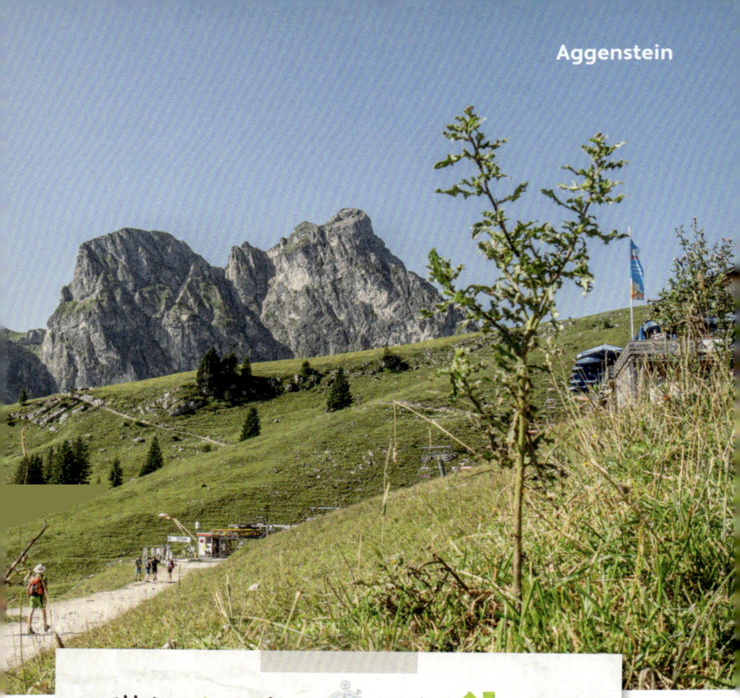

mittel → 5,5 km · 3,5 h · 420 hm

Parkplatz an der Pfronten-Bahn in Pfronten

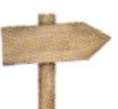

Wegverlauf:

Mit der Breitenbergbahn fahren wir bis zur Bergstation, wo unsere Wanderung beginnt. Wir halten uns rechts und wandern zunächst bei einem traumhaften Ausblick auf Pfronten und das Umland über eine Kuhweide. Dabei verläuft unser Weg unterhalb des Sesselliftes entlang und wir gelangen so kurz darauf auf den Fahrweg, der uns den Berg hinaufführt. An einer Weggabelung wird der Weg für kurze Zeit eben und es lohnt sich, hier eine kleine Pause einzulegen und die herrliche Panoramaaussicht auf den nahegelegenen Aggen-stein zu bewundern. Weiter geht es danach steil den Berg in Serpentinen hinauf.

Hier wandern wir stets auf Geröll, das hin und wieder etwas rutschig sein kann. Während des gesamten Aufstiegs

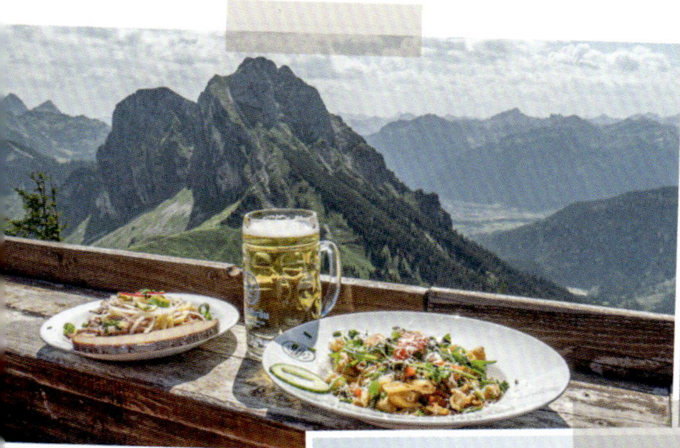

Leckere Einkehr

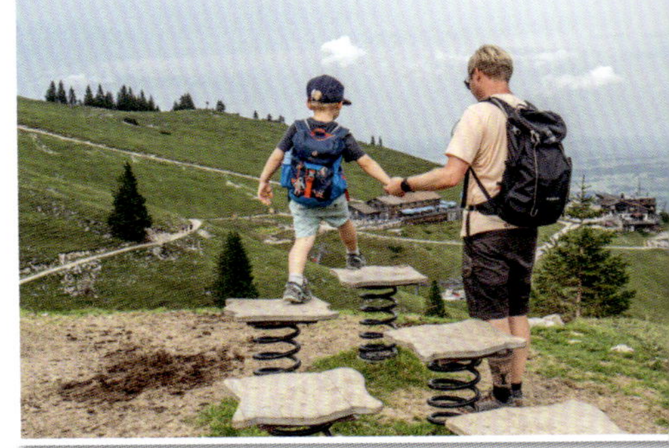

Juwelenweg

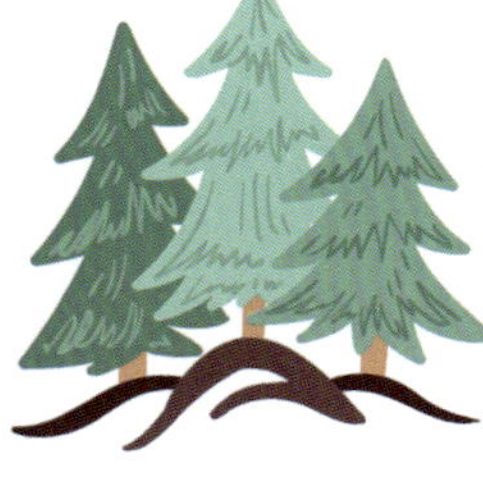

genießen wir das wunderschöne Panorama. Bei gutem Wetter ist von hier sogar Schloss Neuschwanstein zu sehen. Nach etwa 2 Kilometern wird der Weg wieder etwas ebener und verläuft von nun an gerade. Wir wandern unterhalb des Bergkamms und geradewegs auf unser Einkehrziel, die Ostlerhütte ❶, zu. Direkt vor der Hütte befindet sich das Gipfelkreuz des Breitenberges. Eine Einkehr auf der sonnigen Terrasse der Ostlerhütte können wir sehr empfehlen.

Uns erwarten köstliche Hüttengerichte und dabei eine traumhafte Aussicht in alle Himmelsrichtungen.

Weiter geht es zunächst auf dem gleichen Weg, bis wir die Serpentinen wieder hinabgestiegen sind und an der Weggabelung neben der Bergstation des Sesselliftes ankommen. Hier bleiben wir auf dem Wanderweg und laufen direkt auf den Aggenstein zu.

Kurz vor dem Anstieg auf den Aggenstein biegen wir jedoch links auf den

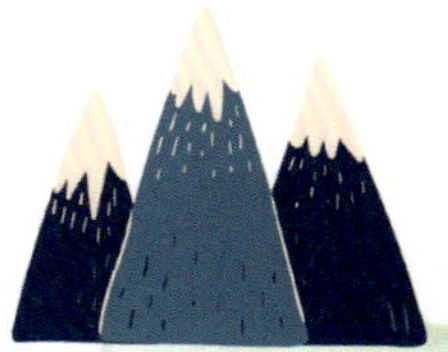

Juwelenweg (2) ab. Der Juwelenweg ist besonders toll für kleine Wanderer, aber auch für Erwachsene ist er sehr informativ.

Auf spielerische Art und Weise lernen wir mit allen Sinnen und über diverse Infotafeln und Spiele die Schätze der Venedigermännlein und die Naturjuwelen am Breitenberg kennen. Immer begleitet werden wir dabei vom kleinen Männlein Magnus.

Wir folgen dem Juwelenweg entspannt bergab durch den Wald und über Wurzel- und Wiesenwege, bevor wir in einem großen Bogen zurück zum Ausgangspunkt unserer Wanderung kommen.

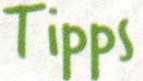

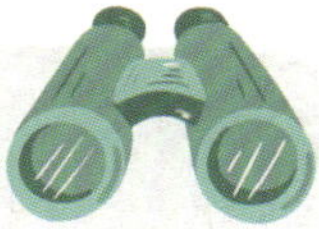

- **Juwelenweg** – Toll für Kinder (auch als eigenständige Tour machbar) *www.breitenbergbahn.de/de/sommer/aktivitaeten/erlebniswanderung-juwelenweg*
- **Hochalphütte** – Weitere Einkehrmöglichkeit an der Bergstation mit tollem Kinderspielplatz
  Kontakt: Auf dem Breitenberg 4, 87459 Pfronten
  https://hochalphuette.jimdofree.com
- **Breitenbergbahn**
  Kontakt: Tiroler Str. 176, 87459 Pfronten
  www.breitenbergbahn.de

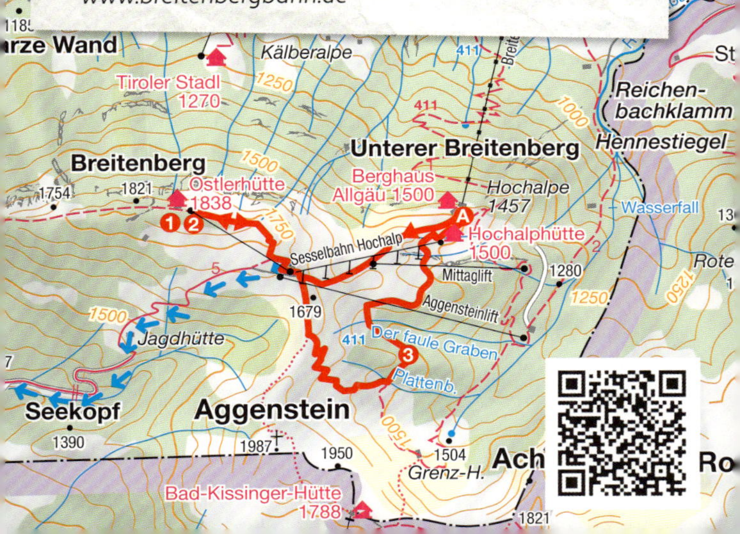

Fruchtiger Joghurtkuchen

Zutaten

Rührteig:

300 g Mehl, 160 g Stärke,
1 Pck. Backpulver, 4 Eier,
170 g Zucker, 1 Pck. Vanillezucker,
300 g Naturjoghurt, 250 ml neutrales Öl,
250 g frische Erdbeeren, 250 g frische Heidelbeeren
125 g frische Himbeeren

Zubereitung

1. Das Mehl mit der Stärke und dem Backpulver mischen und durch ein feines Sieb sieben.
2. Die Eier mit dem Zucker und dem Vanillezucker ca. 10 Min. hell schaumig aufschlagen. Vorsichtig den Joghurt und das Öl untermischen. Zum Schluss kurz die Mehlmischung unterheben.
3. Ein Backblech mit Backpapier auslegen und den Backofen vorheizen. Den Teig auf das Blech streichen.
4. Die Erdbeeren, die Heidelbeeren und die Himbeeren waschen. Bei den Erdbeeren den Strunk entfernen. Die Erdbeeren in kleine Stücke schneiden. Die Heidelbeeren und Erdbeeren auf dem Teig verteilen, leicht andrücken und backen.
   Backzeit: ca. 10 Min. bei 180 °C (160 °C Heißluft)
5. Nach dieser Backzeit werden erst die Himbeeren auf dem Kuchen verteilt. Den Kuchen fertig gebacken.
   Backzeit: ca. 25 Min. bei 180 °C (160 °C Heißluft)

TIPP: Die Himbeeren kommen etwas später auf den Kuchen, damit diese nicht zu stark zerfallen.

Rezept aus:
„Blechkuchen-Glück“,
AVA-Agrar Verlag

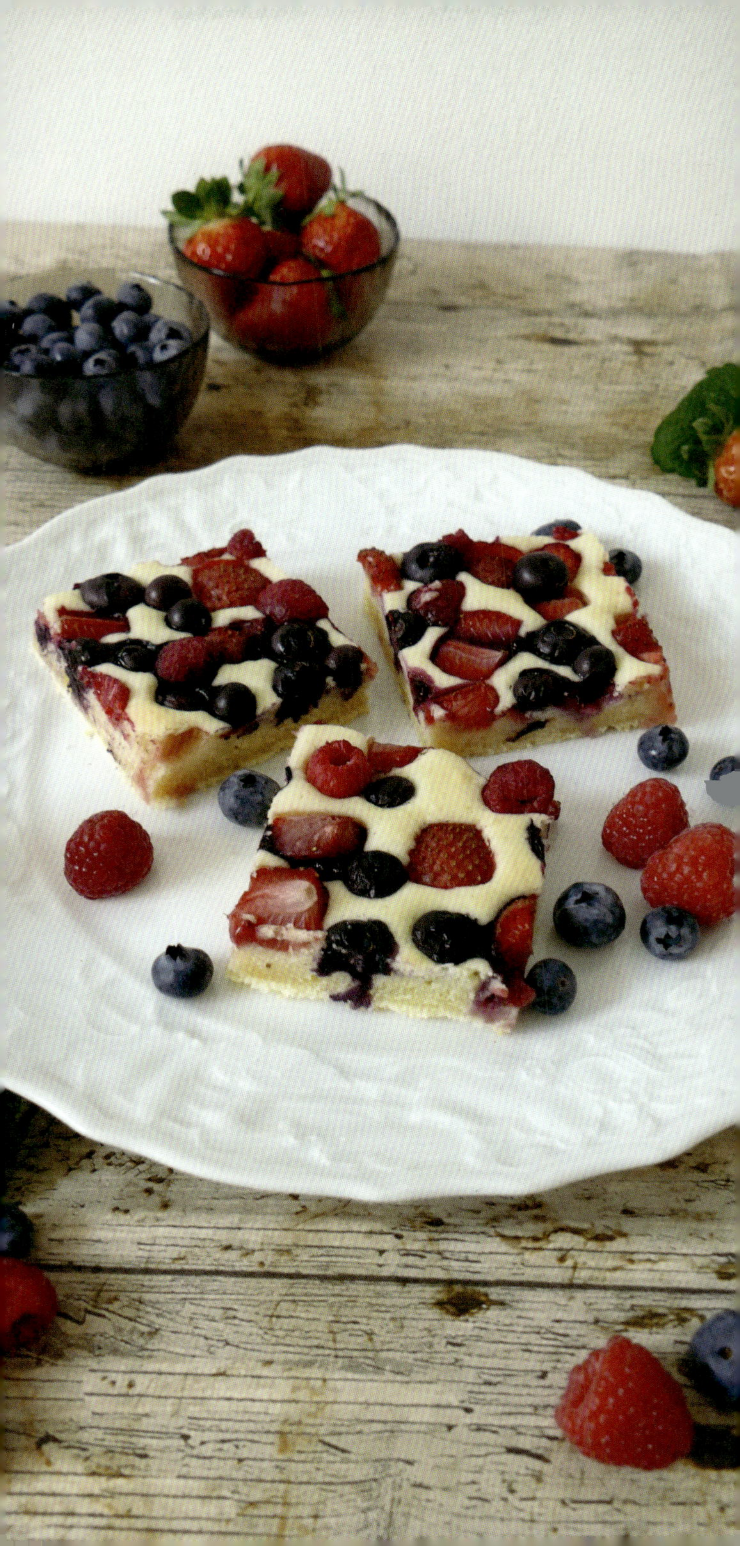

3

Wanderung

Bschießer und Zipfelsalpe

Gipfelglück mit traumhaften Ausblicken in die Allgäuer Hochalpen

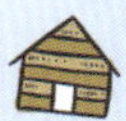

Zipfelsalpe
Kontakt: Talstraße 61,
87541 Bad Hindelang
www.buckwinkel-hüs.de/zipfelsalpe/

fantastische Aussichten

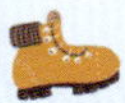

leicht begehbare Wanderwege,
oben teils leicht geröllig,
durchgehend steiler Anstieg

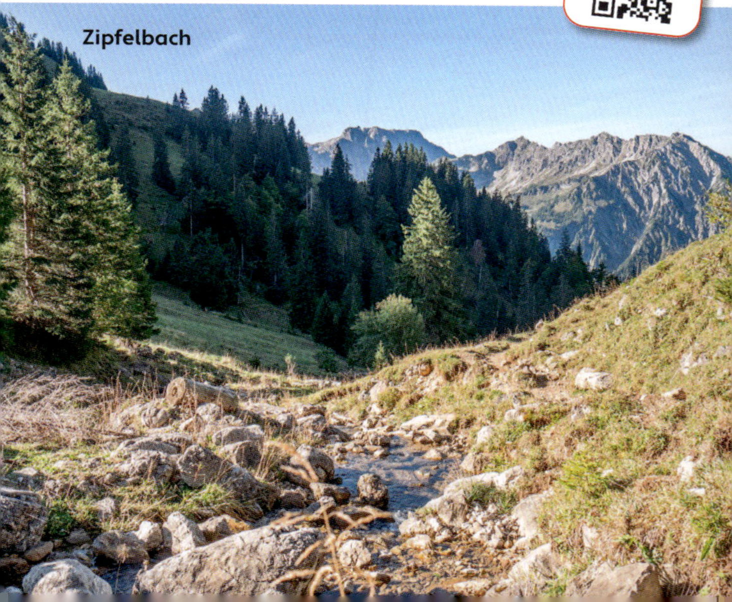

Zipfelbach

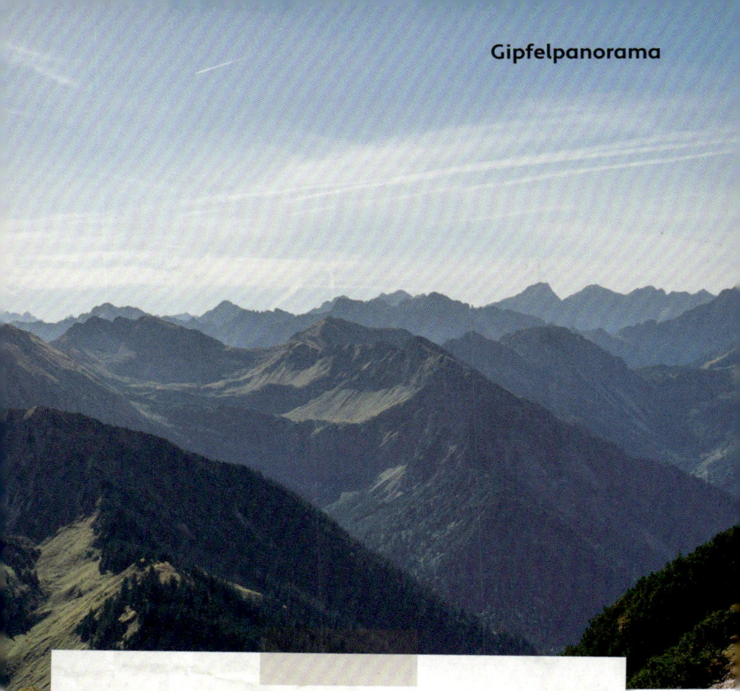

schwer → 12,5 km 5 h
bis zur Zipfelsalpe 660 hm,
bis zum Bschießer 1130 hm
Parkplatz am Feuerwehrhaus in Hinterstein

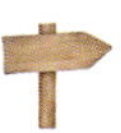

Wegverlauf:

Die Wanderung startet am Feuerwehrhaus in Hinterstein, einem traumhaft schönen Örtchen in den Allgäuer Hochalpen bei Bad Hindelang. Wir folgen der Wegbeschilderung Richtung Zipfelsalpe. Schnell beginnt es steil zu werden und wir wandern in Serpentinen einen bewaldeten Wanderweg hinauf. Der Weg ist durchzogen von Wurzeln und hohen natürlichen Stufen.
Das erste Highlight der Tour lässt nicht lange auf sich warten. Der Wanderweg streift mehrfach die wunderschönen Zipfelfälle ❶. Die Wasserfälle werden vom gleichnamigen Zipfelbach gespeist und immer wieder von Gumpen unterbrochen. Weiter geht es steil den Berg hinauf. Wir laufen

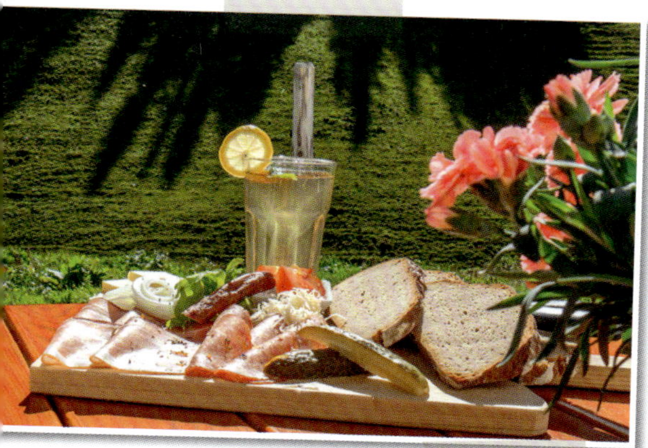

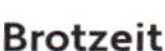

Brotzeit

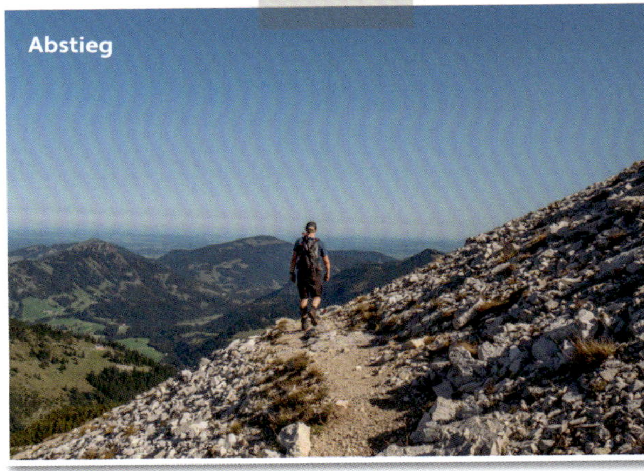

Abstieg

tief in einen Kessel hinein. Hier wird der Wanderweg flacher. Wir verlassen den bewaldeten Teil der Wanderung und sehen schon die malerisch gelegene Zipfelsalpe **3** zwischen dem satten Grün der bewirtschafteten Bergwiesen. Wir queren einmal den Zipfelbach und wandern den steilen Anstieg bis zur Alpe hoch. Hier findet die Tour einen tollen Abschluss.

Wer noch mehr will, kann weiterlaufen. Wir wandern zunächst rechts an der Alpe vorbei und dann links auf einem breiten Weg bis zu einer Weggabelung. Hier halten wir uns rechts und laufen auf einem Grasrücken hinauf, den Bschießer immer im Blick. Auf halbem Weg von der Alpe zum Gipfel wird der Weg gerölliger, er ist aber trotzdem noch sehr gut begehbar, wenn der Untergrund trocken ist. Auf dem Weg nach oben queren wir einen Latschenkiefer-Gürtel und laufen das letzte Stück über Stein hinauf zum Gipfel ❷. Oben angekommen, werden wir nach 1.100 hm Anstieg mit einem traumhaften Blick in die Allgäuer Hochalpen und das Tannheimer Tal belohnt. Der Abstieg entspricht dem Aufstiegsweg, der uns wieder an der Zipfelsalpe vorbeiführt. Nach einer gemütlichen Einkehr wandern wir zurück über unzählige Serpentinen bis zum Ausgangspunkt.

Tipps

- Die Zipfelsalpe gehört zum Verein Allgäuer Alpgenuss (Qualitätssiegel für nachhaltige Erhaltung und Pflege der Allgäuer Berglandwirtschaft)
- Falls der kleine Parkplatz am Feuerwehrhaus belegt ist, gibt es einen großen Parkplatz am Ende des Dorfs. Grundsätzlich gilt in Hinterstein, je früher man da ist desto sicherer bekommt man einen Parkplatz
- Tour für Kinder ab 6-7Jahren, für Jüngere nicht geeignet
- **Tourist Info Bad Hindelang**
  Kontakt: Unterer Buigenweg 2, 87541 Bad Hindelang

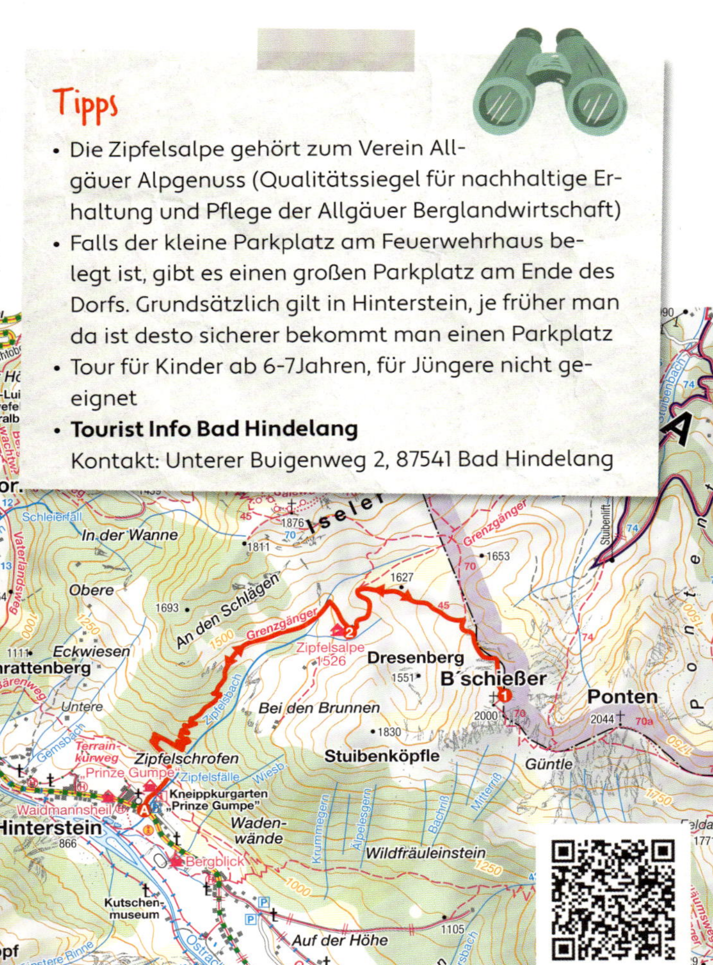

Die besten Wandertipps für Wanderanfänger

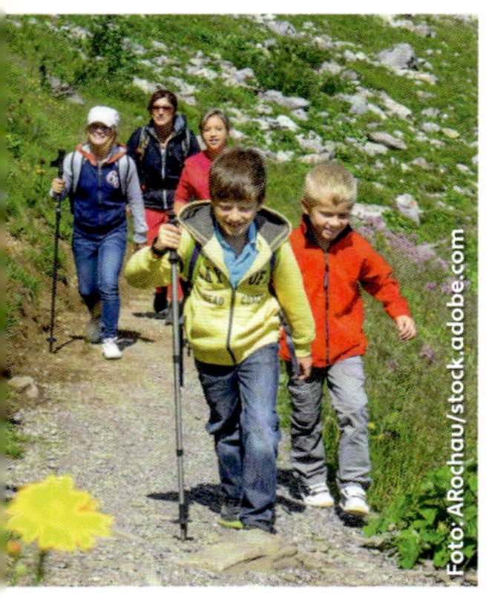
Foto: ARochau/stock.adobe.com

Wandern ist ein unglaublich erfüllendes Hobby. Es gibt aber ein paar Dinge zu beachten, damit man die Lust nicht daran verliert:

1. Gute Wanderschuhe
Unsere Füße sind es, die uns die komplette Wandertour tragen, und deshalb möchten wir es ihnen zum Dank so bequem wie möglich machen. Was es beim Kauf von Wanderschuhen zu beachten gibt und wie man die passenden Schuhe findet, haben wir hier ausführlich erklärt: *https://atastyhike.de/wanderschuhe-kaufen/*

2. Ausreichend Wasser und Proviant
Es gibt nichts Schlimmeres, als während einer Wanderung zu wenig Wasser dabei oder richtig großen Hunger zu haben. Beides gibt uns die Energie, die wir zum Wandern brauchen. Auch wenn es eine Einkehrmöglichkeit gibt, haben wir immer etwas zu essen und trinken dabei. Es kann immer etwas Unvorhergesehenes geschehen.

3. Das eigene Tempo
Es ist wichtig, dass wir beim Wandern immer in unserem eigenen Tempo laufen und uns nicht hetzen lassen. Wenn wir in einer Gruppe laufen, sollte die Gruppe sich an das Tempo des langsamsten Wanderers anpassen.

4. Überforderung vermeiden
Gerade am Anfang wissen wir nicht, wie weit wir wirklich laufen oder wie viele Höhenmeter wir zurücklegen können. Deshalb gilt: Lieber klein anfangen und sich danach langsam steigern und ein Gefühl dafür bekommen, was der Körper leisten kann.

4

Rundwanderung zur Buchenbergalm

Perfekte Familientour

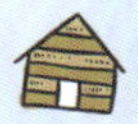

Buchenbergalm
Kontakt: Füssener Str. 19,
87642 Halblech/Buching
www.buchenbergalm.de

kinderfreundlich

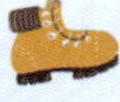

größtenteils Wurzelwege,
hin und wieder etwas steil

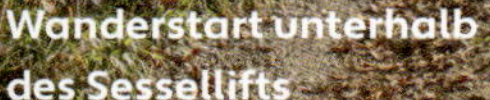

Wanderstart unterhalb des Sessellifts

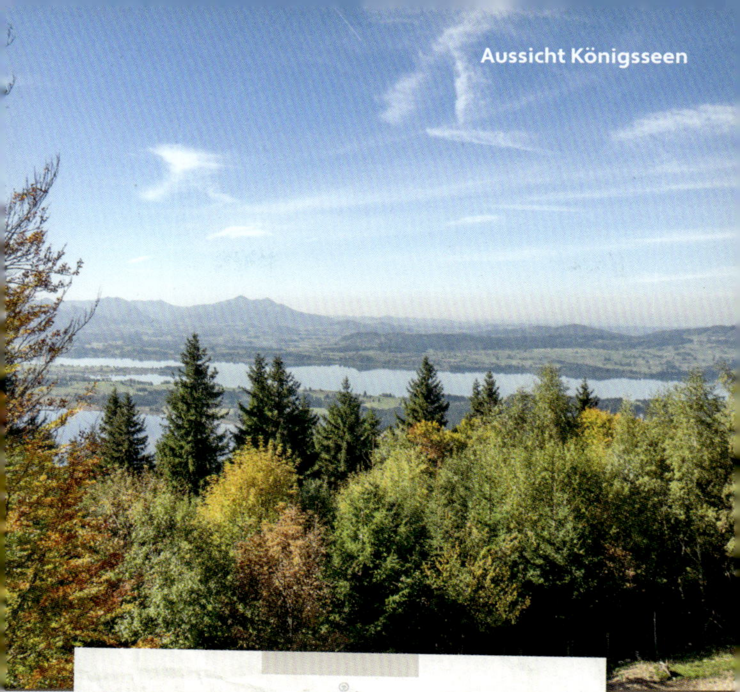

leicht → 4 km ⏱ 2 h ⇅ 340 hm

Parkplatz an der Buchenbergalm in Buching

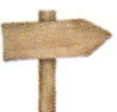

Wegverlauf:

Unsere Wanderung startet am Parkplatz der Buchenbergbahn in Buching. Wir wandern unterhalb des Sessellifts über einen Wiesenweg, halten uns dabei rechts und folgen den Schildern Richtung „Kulturenweg". Kurz darauf tauchen wir in den Wald ein und der eigentliche Anstieg beginnt über einen recht steilen Wurzelweg ❶ immer weiter den Berg hinauf, bis wir kurz vor der Buchenbergalm ❸ den Wald wieder verlassen und uns auf einem Hochplateau mit herrlicher Aussicht ❷ wiederfinden.

Wir verweilen einige Zeit hier oben, genießen den Ausblick in alle Richtungen und kehren ein, bevor wir uns auf der anderen Seite der Alm an den Abstieg machen. Dieser erfolgt größtenteils wieder durch den Wald über

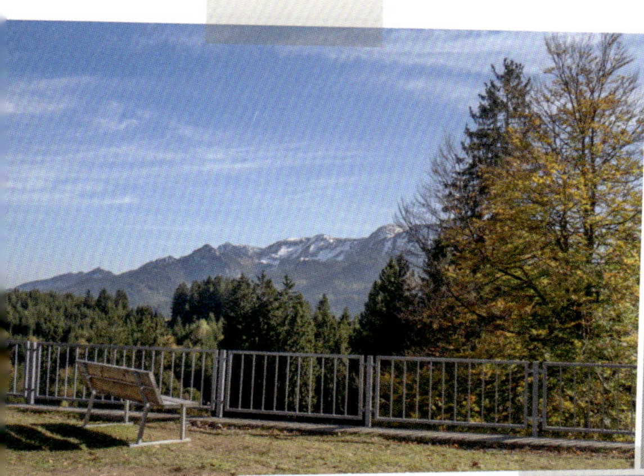

Aussichts-
punkt
Buchenberg

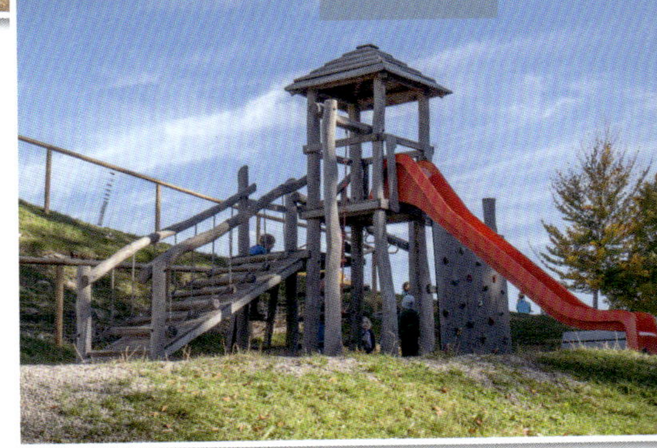

Spielplatz
an der
Buchenberg-
alm

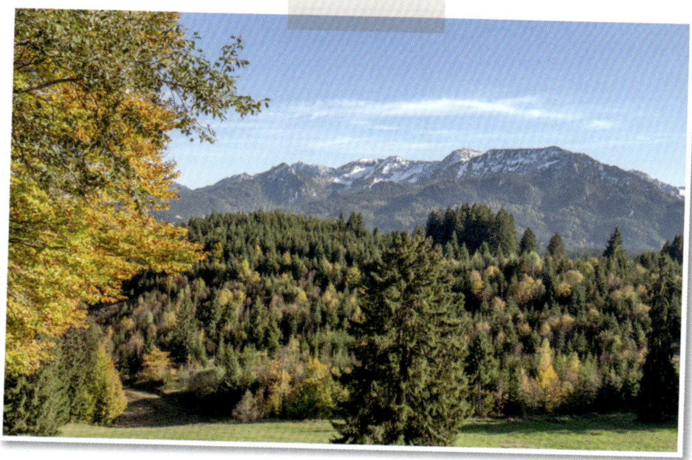

Aussicht Alpen

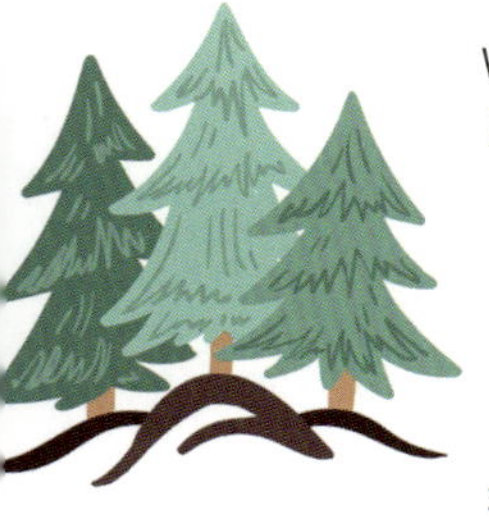

Wurzelwege auf dem „Bachweg“ 4. Dabei wandern wir die meiste Zeit entlang eines kleinen Bachlaufs. Zwischendurch überqueren wir diesen über eine Brücke, bis wir den Wald relativ weit unten im Tal wieder verlassen und uns rechts auf dem Fahrweg zurück auf den Weg Richtung Buching machen. Nach einem kurzen Stück durch den Ort erreichen wir wieder unseren Ausgangspunkt an der Talstation der Buchenbergbahn.

Tipps

- Toller Spielplatz an der Buchenbergalm sorgt für eine entspannte Einkehr
- Die Tour eignet sich hervorragend für Familien mit Kindern
- Vor allem im Sommer ist die Tour perfekt, da der Wanderweg zum größten Teil durch schattige Waldgebiete verläuft
- Der Gipfel ist auch über die Buchenbergbahn erreichbar, Infos & Preise: *www.buchenbergbahn.de*

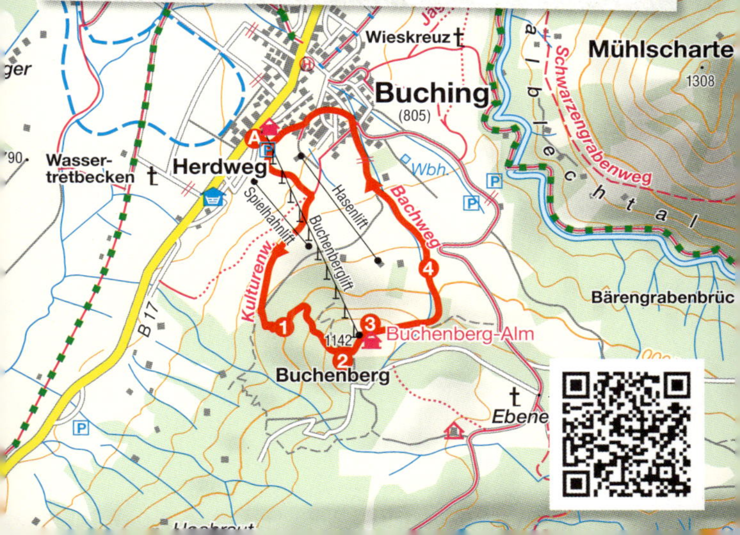

5

Rundwanderung Alpkönigblick

Ein wahrhaft königliches Erlebnis für die ganze Familie

Kling's Hütte
Kontakt: Auf dem Hauchenberg,
87547 Missen-Wilhams
https://www.klings-huette.de/

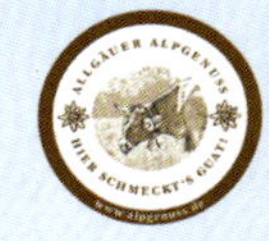

kinderfreundlich

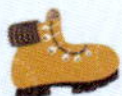

leicht begehbare Wanderwege, oben teils Wurzelwege

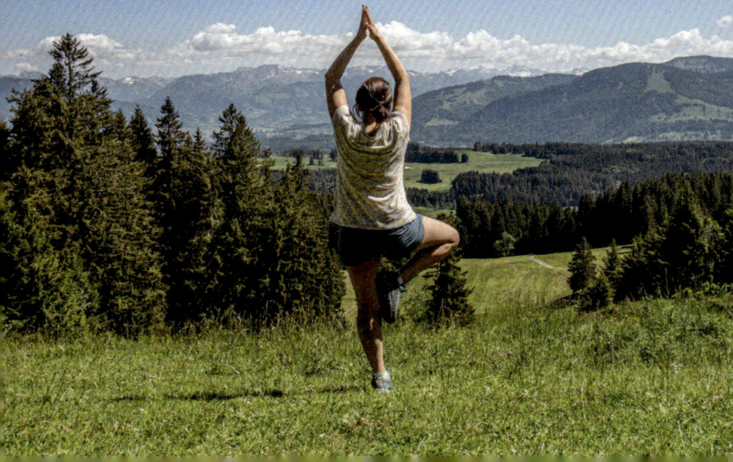

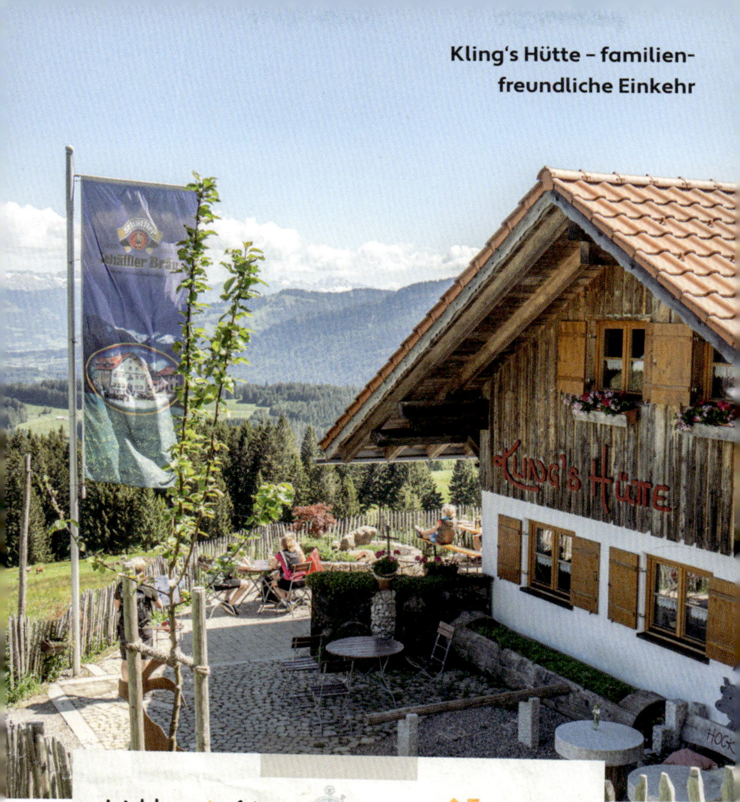

Kling's Hütte – familien-
freundliche Einkehr

leicht → 6 km 2,5 h 210 hm

Parkplatz hinter der Kirche in Diepolz

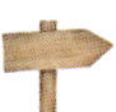

Wegverlauf:

Wir starten unsere Wanderung in Diepolz. Ein kurzes Stück wandern wir zunächst die Straße entlang, vorbei am bewirtschafteten Museumsbauernhof. Kurz darauf wird aus der geteerten Straße ein Kiesweg. Diesem folgen wir weiter und halten uns links. Nach einer Abzweigung geht es ein kurzes Stück am Waldrand entlang, bis der Weg durch ein großes Tor durchkreuzt wird. Vor diesem großen Tor zweigt rechts ein schmaler Wanderpfad in den Wald ab, dem wir folgen. Von nun an geht es stetig leicht bergauf. Schattiger Wald und saftig grüne Bergwiesen wechseln sich ab. Wir wandern weiter den Wurzelweg hinauf, bis wir oben an einem

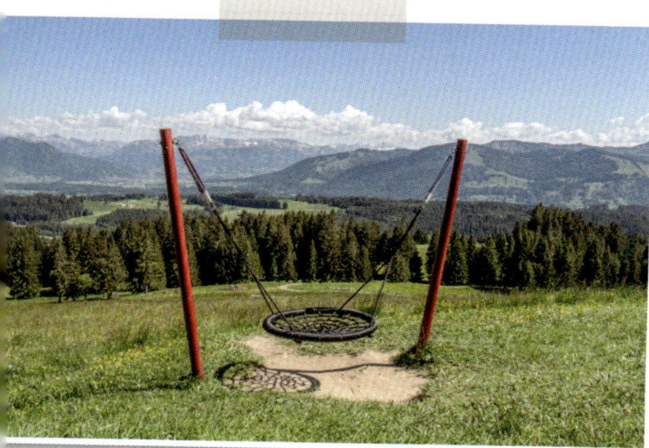

Spielplatz mit Aussicht

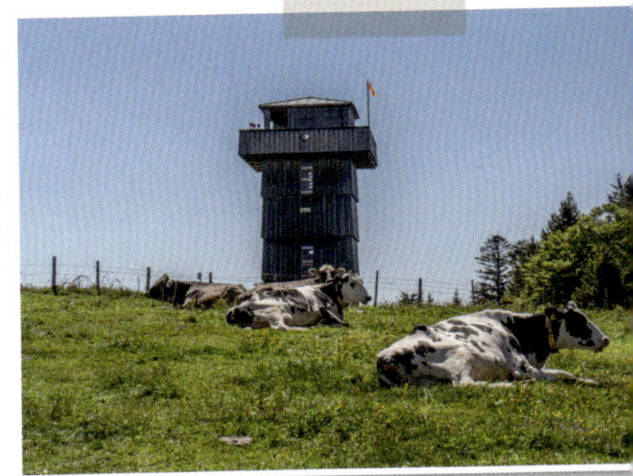

Aussichtsturm Alpkönigblick

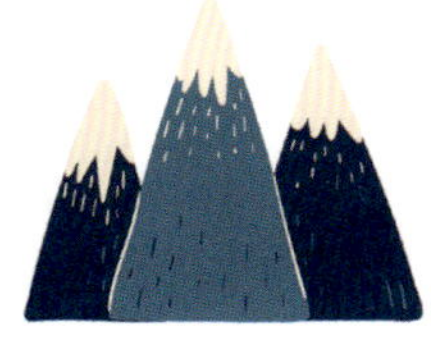

Bergkamm ankommen. Dort biegen wir links ab und wandern weiter durch den Wald den Kamm entlang. Kurz darauf lichtet sich der Wald und wir finden uns auf einer Weide wieder, auf der Kühe gemütlich grasen oder sich zusammengekuschelt in kleinen Gruppen die Sonne auf den Bauch scheinen lassen. Links von uns erstreckt sich schon jetzt ein wundervoller Ausblick auf die Gipfel der Allgäuer Alpen.
Wir wandern weiter durch die Kuhwiese und sehen unser Wanderziel bereits vor uns:
Der 20 Meter hohe Aussichtsturm „Alpkönigblick" 1, der majestätisch auf 1.228 m thront. Von der Aussichtsplattform des Turmes haben wir einen 360°-Blick auf ein spektakuläres Alpenpanorama. Der kurze Aufstieg zur Aussichtsplattform sollte uns also nicht davon abhalten, diese spektakuläre Sicht zu

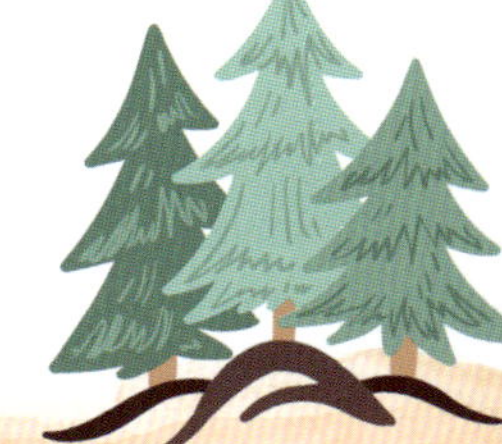

genießen. Vom Alpkönigblick geht es nun, dem Wanderweg folgend, wieder bergab in Richtung Kling's Hütte ❸. Nach einer gemütlichen Einkehr wandern wir den Hauchenberg hinunter. Zunächst über Almwiesen, bis wir schließlich in den Wald eintauchen und nach einigen Kurven wieder auf den Kiesweg und dann auf den Fahrweg gelangen, der uns zurück zum Ausgangspunkt bringt.

Tipps

- Auf dem Heimweg unbedingt einen Stopp in der Bergkäserei Diepolz machen und richtig leckeren Käse kaufen
  Käserei Diepolz: Diepolz 1, 87509 Immenstadt im Allgäu
- Toller Spielplatz bei Kling's Hütte, sorgt für eine entspannte Einkehr
- Abstecher zum bewirtschafteten Bergbauernmuseum mit Einkehr in der Höfle-Alpe, lohnt sich für die ganze Familie. Adresse: Diepolz 44, 87509 Immenstadt
  Höfle-Alpe / Bergbauernmuseum: *https://www.bergbauernmuseum.de/*
- **Alpkönigblick:** *http://www.missen-wilhams.de/wandern/alpkoenigblick*

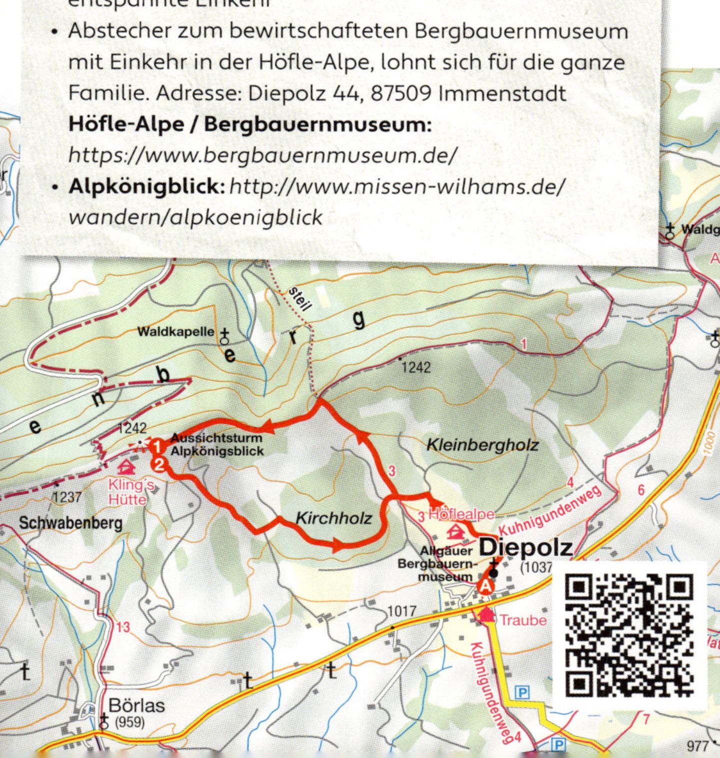

Rigate mit Limburger

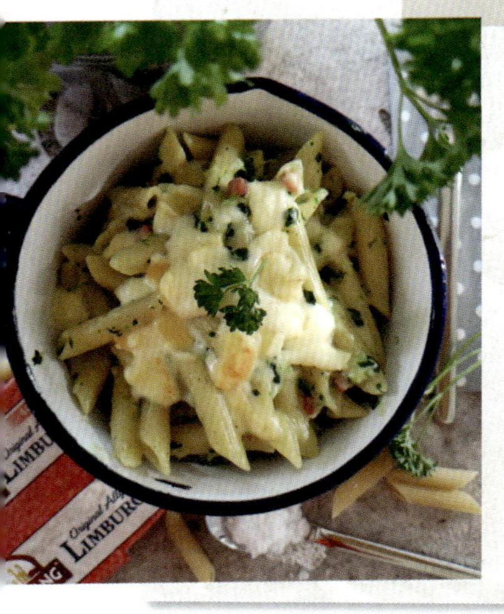

Zutaten für 4 Personen:
500 g Penne Rigate,
200 g Limburger,
1 Zwiebel, 2 EL Butter,
2 EL Mehl, 300 ml Milch,
100 g Sahne,
100 g magere Schinkenwürfel,
200 g Blattspinat (geht auch TK Rahmspinat),
Muskatnuss gemahlen,
Salz, Pfeffer schwarz,
1/2 TL Paprika edelsüß,
Petersilie

Und so wird's gemacht:

1. In einem Topf (Salz-)Wasser zum Kochen bringen, die Nudeln nach Garzeit köcheln lassen, abgießen und abtropfen lassen.
2. Während die Nudeln kochen, den Ofen auf 150 °C (Ober-/Unterhitze) vorheizen, die Zwiebeln fein würfeln und in der Butter anschmelzen. Mit Mehl bestäuben und unter Rühren kurz binden lassen. Sodann mit der Milch und der Sahne ablöschen und ca. 12 Min. einreduzieren lassen, gelegentlich umrühren, bis eine cremige Soße entsteht. Mit Salz, Pfeffer, Paprika und Muskatnuss abschmecken und weiterköcheln lassen.
3. Den Limburger in kleine Würfel schneiden, sowie den Blattspinat waschen, trockentupfen. Schinkenwürfel bereitstellen.
4. Die Hälfte des Limburger (100 g) in die Soße einrühren und schmelzen lassen. Anschließend die Schinkenwürfel und den Spinat dazugeben und gut umrühren.
5. Die fertig gekochten Nudeln unter die Soße heben und vermischen. Eine Auflaufform mit den Nudeln füllen und die klein geschnittenen Käsewürfel darüber streuen. Das Ganze im Ofen ca. 10 Min. überbacken lassen. Mit Petersilie garnieren und sofort servieren.

Rezept & Foto: Saskia Kiefert/www.herzallgaeuerliebst.de

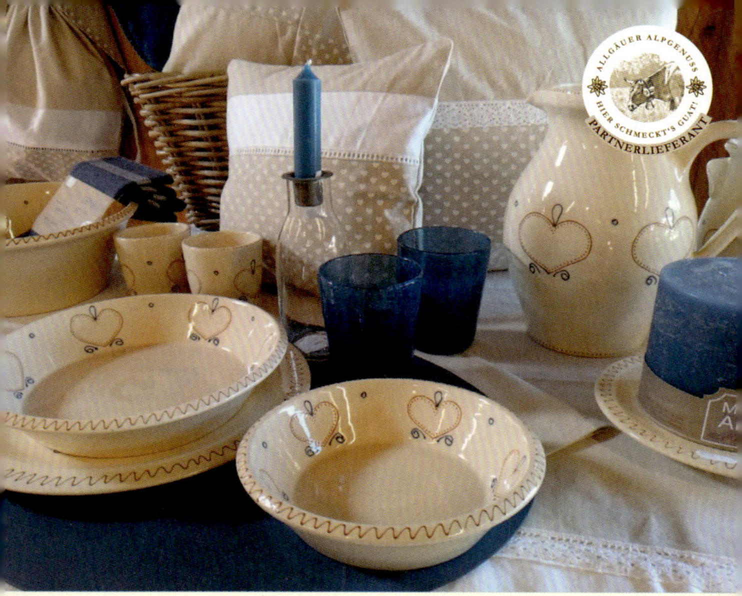

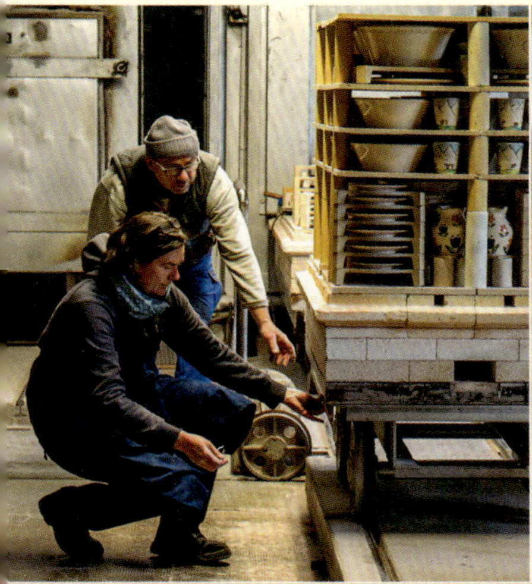

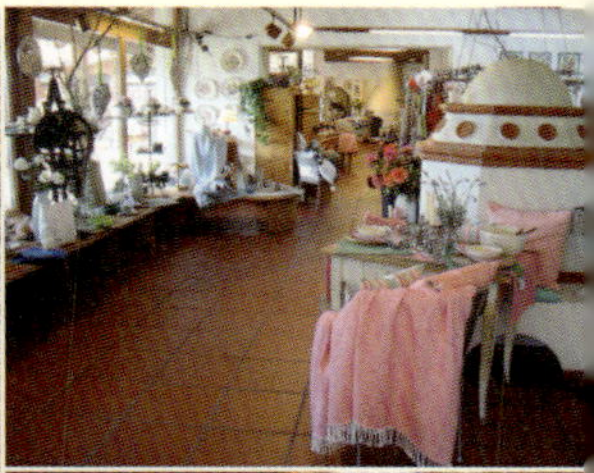

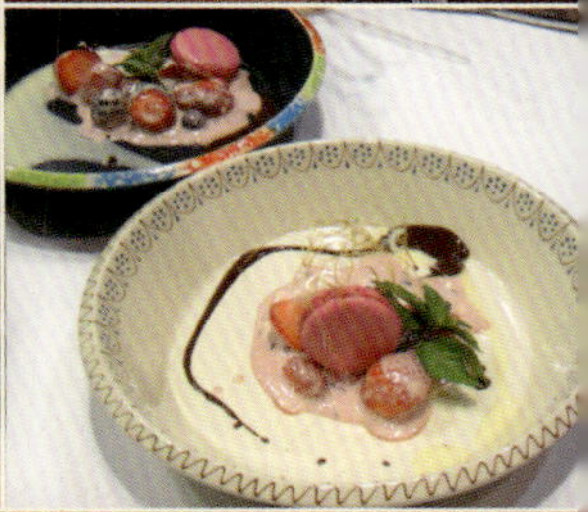

6

Rundwanderung Königsalpe

Königliche Einkehr für die ganze Familie

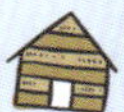

Die Königsalpe
Kontakt: Königsalpe,
88167 Wolfried-Trabers
https://www.alpgenuss.de/alpen/detail/koenigsalpe

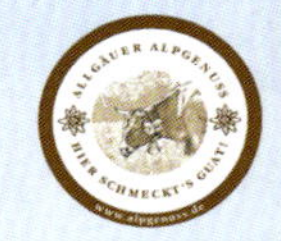

kinderfreundlich

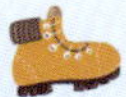

leicht begehbare Wanderwege, teils Wurzelwege

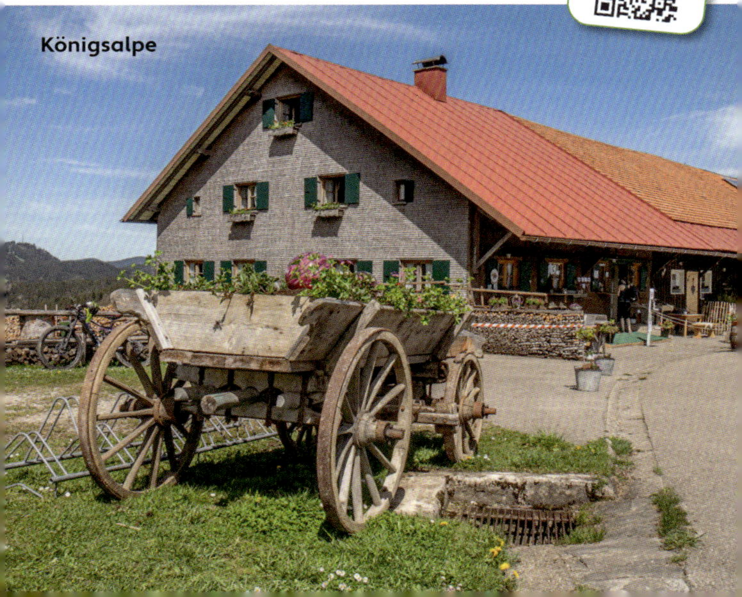

Königsalpe

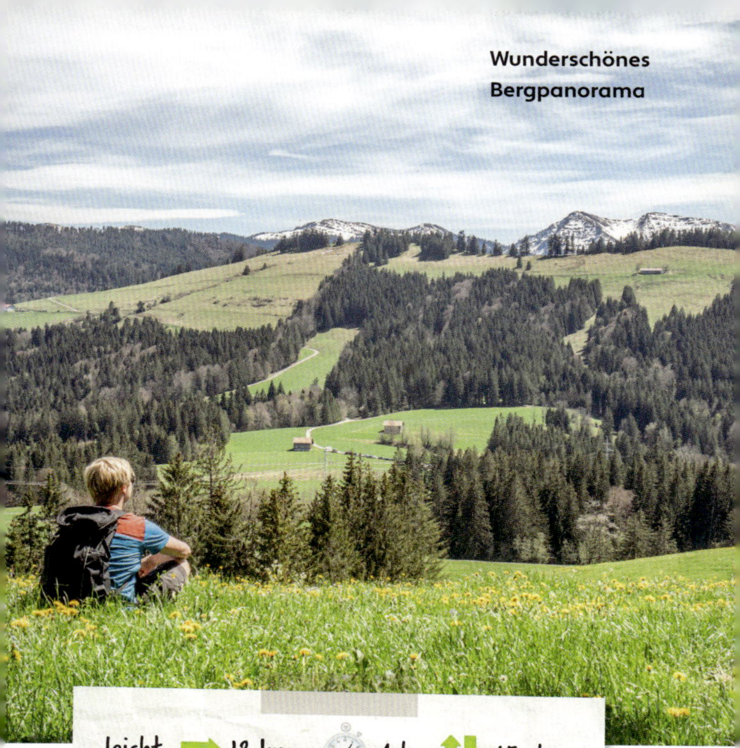

Wunderschönes Bergpanorama

leicht → 12 km 4 h 450 hm

Parkplatz hinter der Kirche in Ebratshofen

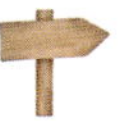

Wegverlauf:

Wir starten in Ebratshofen und wandern entlang der Hauptstraße in Richtung Osten, bis rechts die Straße Breitenäcker abzweigt. Hier biegen wir rechts ab und folgen der Straße, bis wir an eine Kreuzung kommen. Wir biegen nach rechts auf einen Waldweg ab. Nach ca. 20-30 Minuten verlassen wir den Wald und gelangen auf einen Feldweg, dem wir bis zur nächsten Straße folgen.

Dort biegen wir links ab und wandern der Straße folgend bergauf. Dabei halten wir uns immer links und biegen bei der nächsten Gelegenheit links ab Richtung Gerstland. Bis zur kleinen Ortschaft folgen wir weiter der Straße, bis wir dann auf einen Wiesenweg gelangen. Dieser führt uns durch

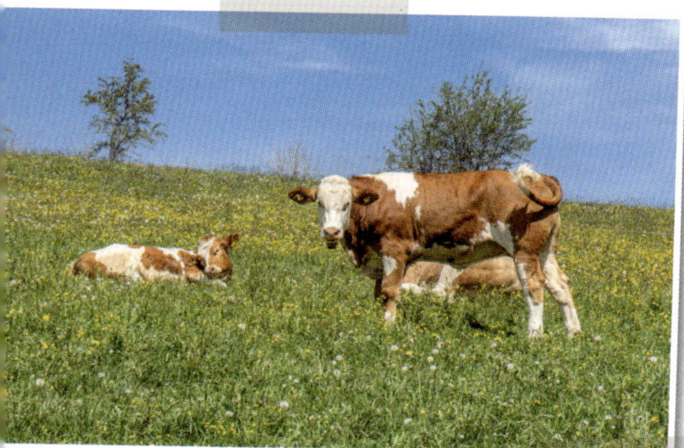

Wandern durch Kuhweiden

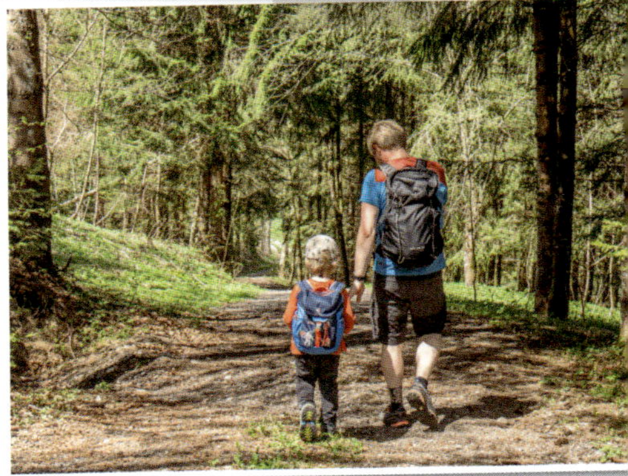

Waldweg

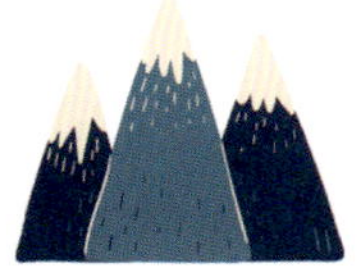

saftig grüne Wiesen mit einer herrlichen Aussicht auf die Allgäuer Alpen zum nächsten Wald.
Wir folgen diesem Weg durch den Wald, bis wir wieder an einen Fahrweg kommen. Hier zweigen wir links ab, laufen am Fahrweg für ein paar Meter entlang und biegen kurz darauf links ab Richtung Pferrenberg. Nun wandern wir am Waldrand entlang und es geht nochmal ein kleines Stück bergauf, bei dem wir aber mit einer tollen Aussicht für unsere Anstrengung belohnt werden.
An einer weiteren Weggabelung biegen wir rechts ab, wandern auf einem Kamm entlang und dann wieder bergab, bis wir unser Einkehrziel, die Königsalpe ❶ erreicht haben.
Nach der Einkehr wandern wir

wieder ein kleines Stück auf dem Weg, über den wir gekommen sind, zweigen dann aber nicht nach links auf den Kamm ab, sondern folgen weiter dem Wanderweg, der uns zwischen diversen Kuhweiden hindurch leitet. Wir passieren noch einmal eine kleine Bauernschaft, tauchen in den Wald ein, durch den es recht steil auf einem Wurzelweg bergab geht und folgen dann der Straße wieder bis zum Ausgangspunkt unserer Wanderung zurück nach Ebratshofen.

Tipps

- Toller Spielplatz an der Königsalpe, sorgt für eine entspannte Einkehr
- Im Winter lohnt sich ein Besuch der Königsalpe, vor allem zum Fondue-Essen
- Die Tour lohnt sich besonders im Frühjahr zur Apfelblüte

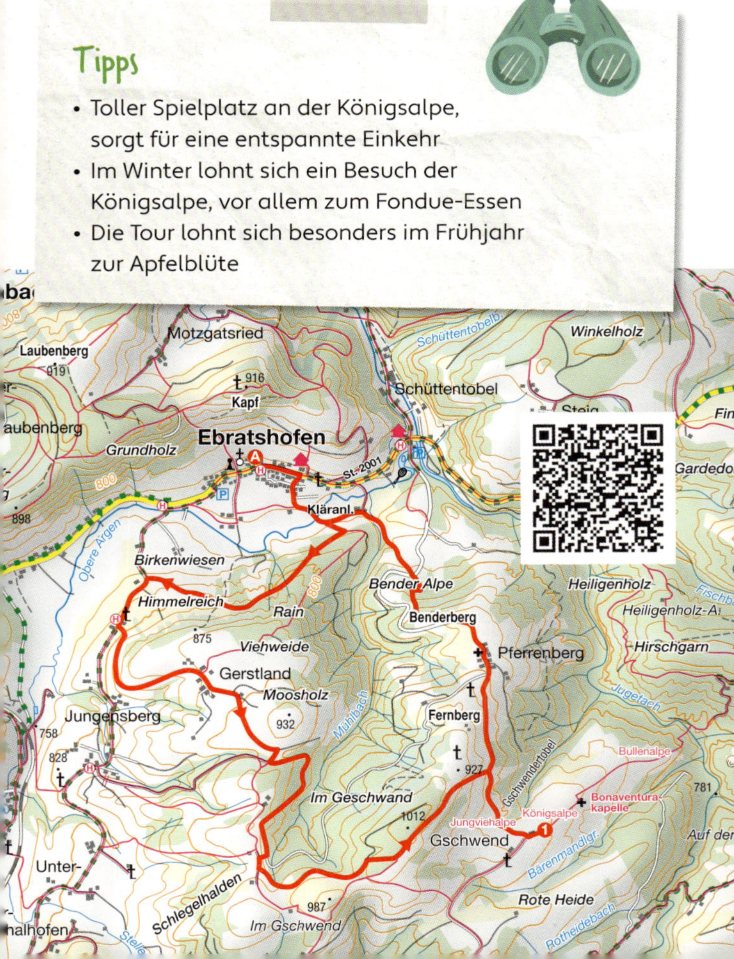

7

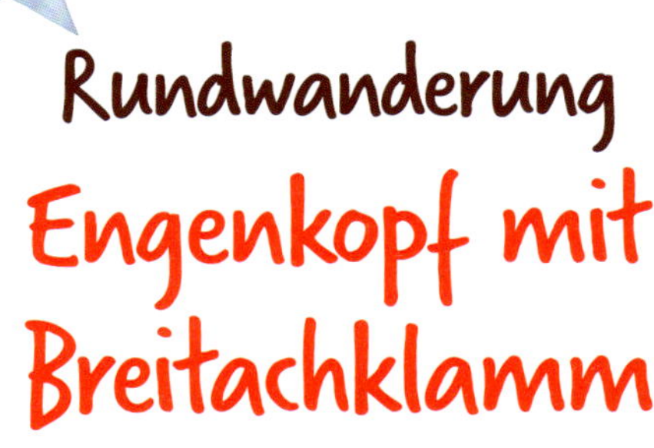

Rundwanderung
Engenkopf mit Breitachklamm

Wandern in atemberaubender Schlucht

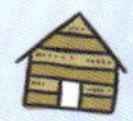

Müllers Alpe
Kontakt: Sesselweg 35,
87561 Oberstdorf
www.hinterenge.de

in der Breitachklamm teils enge, höhlenartige Wege, kinderfreundlich

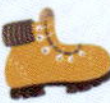

leicht begehbare Wanderwege, in der Schlucht teils rutschig

Wunderschöne Landschaft

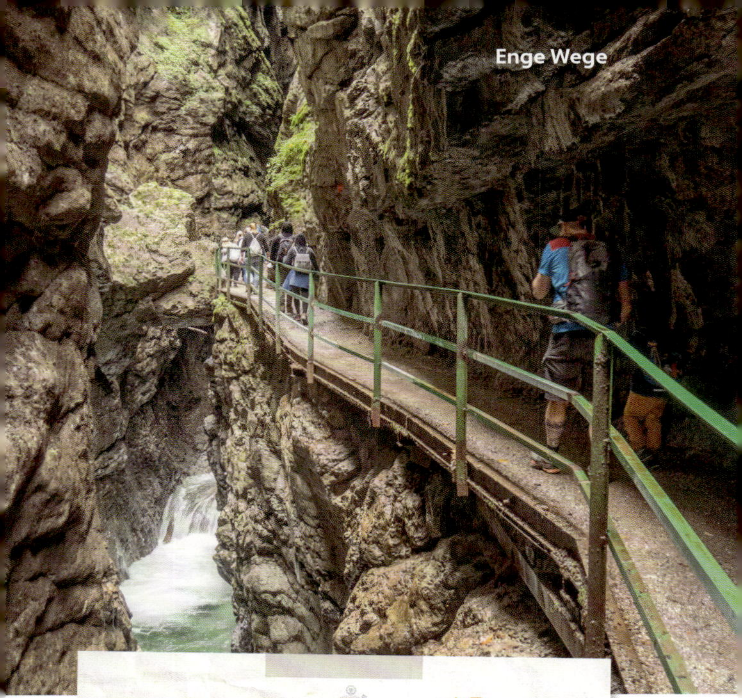

leicht → 12 km 4 h ⇅ 380 hm

Parkplatz Breitachklamm

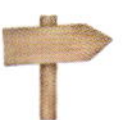

Wegverlauf:

Unsere Wanderung startet am Parkplatz der Breitachklamm ❶. Von dort aus betreten wir die Schlucht und folgen dem engen Wanderpfad, der sich durch die atemberaubende Schlucht schlängelt. Hier lohnt es sich, den Blick immer wieder auch nach oben und unten schweifen zu lassen und die spektakulären Felswände zu bestaunen.

Der Weg verläuft teils an steilen Klippen, teils durch Höhlen und unter Felsvorsprüngen entlang. Zwischendurch kann es von oben oder von unten auch schon einmal etwas nass werden. Besonders in den tiefen und dunklen Teilen der Schlucht ist es selbst an heißen Tagen sehr kühl.

Am Ende der Klamm wandern wir eine Treppe hinauf und zweigen nach dem Ausgang der Klamm rechts ab. Von hier aus folgen wir weiterhin dem Weg entlang der Breitach und

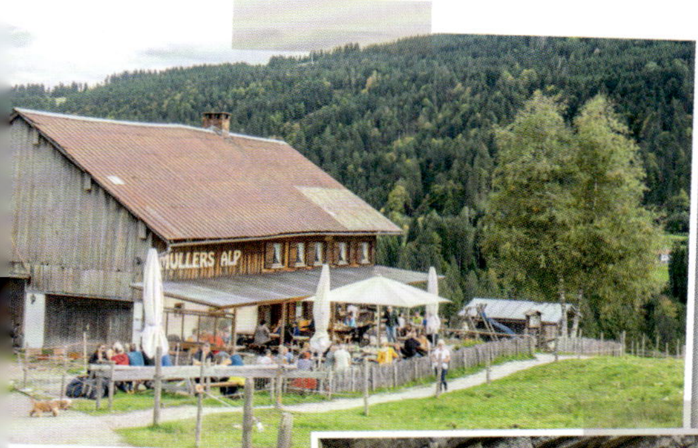

Müllers Alpe

Wandern unter Felsvorsprüngen

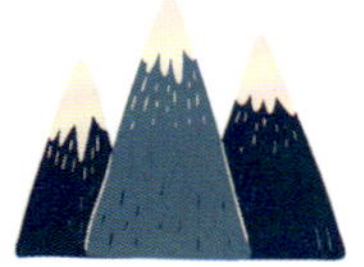

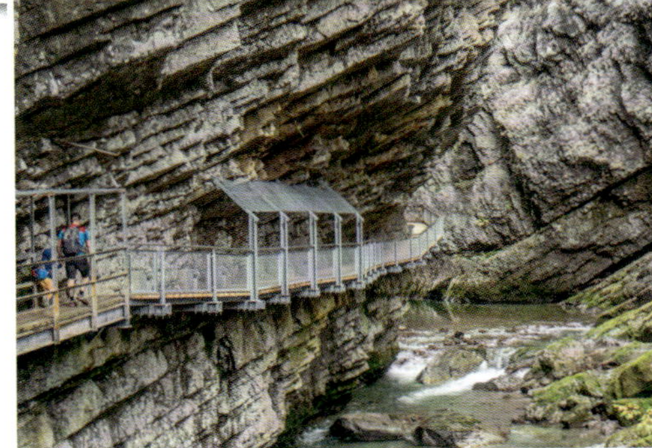

haben auch hier noch den ein oder anderen spektakulären Ausblick auf die Naturgewalt des Wassers.
Schließlich erreichen wir eine Brücke, über die wir die Breitach überqueren. Auf der anderen Seite führt uns eine Treppe hinunter ins Breitach-Tal. Hier wandern wir gemütlich den Wanderweg am Flussverlauf entlang und erreichen schon bald eine riesige Fläche, die voll von Steinfiguren **2** ist. Hier lohnt sich ein kleiner Abstecher zum Erkunden dieses von Wanderern erschaffenen Kunstwerks.
Wir folgen dem Wanderweg weiter und gelangen so auf einen Fahrweg, der uns den Berg hinauf zur Müllers Alpe **3** bringt, die sich für eine Einkehr anbietet. Für die kleinen Wanderer steht hier auch ein toller Spielplatz zur Verfügung und wir können mit den Hoftieren auf Tuchfühlung gehen.
Im Anschluss an die Einkehr wandern wir auf der anderen Seite weiter den Berg hinauf. Dabei folgen wir dem Fahrweg, biegen am Sesselweg rechts ab und dann kurz darauf nach links. Über den geteerten Fahrweg umrunden wir

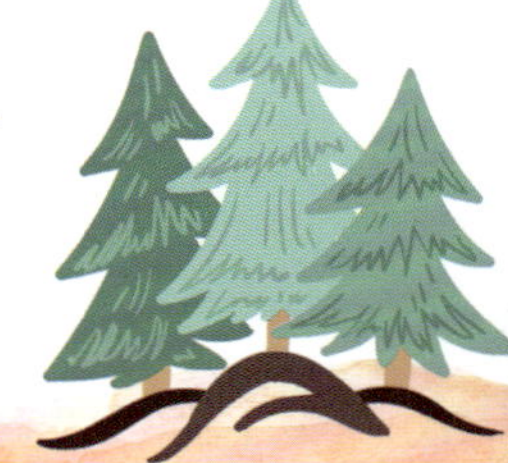

den Engenkopf und können dabei wunderschöne Natur und herrliche Aussichten genießen. Auf dem Rückweg kommen wir an der nahe gelegenen Alpe Dornach vorbei, die auch nochmal eine Einkehrmöglichkeit bietet. Durch einen Wald wandern wir schließlich bergab zurück zum Ausgangspunkt, den wir nach etwas mehr als 11,5 Kilometern erreichen.

Tipps

- Es lohnt sich, früh dort zu sein, um noch einen Parkplatz in Tiefenbach am P1 direkt am Eingang der Klamm zu bekommen. Ein weiterer Parkplatz (P2) steht an der Walserschanz zur Verfügung (Fußweg zur Klamm ca. 1 Stunde)
- Aus Oberstdorf kommend ist die Anfahrt auch mit dem Bus möglich
- Tickets vor dem Besuch online kaufen und Wartezeiten reduzieren
  www.breitachklamm.com
- Die Alpe Dornach ist ganzjährig geöffnet und bietet auch Übernachtungsmöglichkeiten
  Kontakt: Sesselweg 16, 87561 Oberstdorf/Tiefenbach
  www.alpe-dornach.de

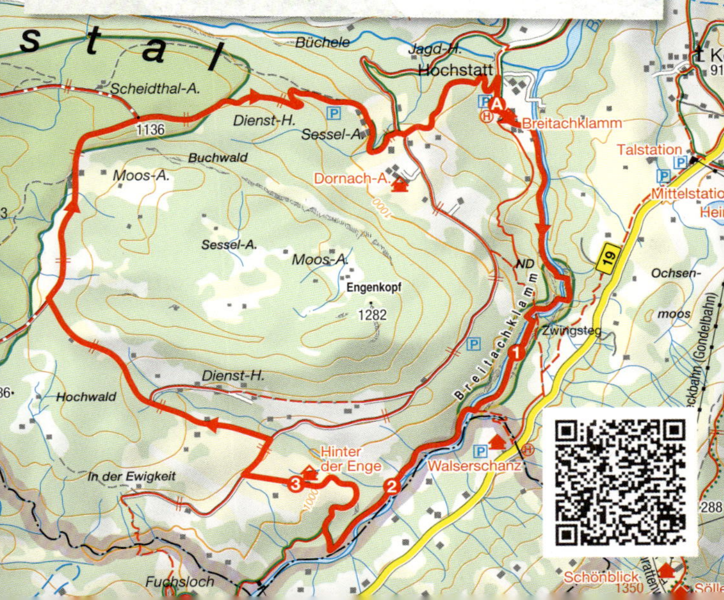

Müsliriegel selber machen

Wandern macht hungrig und zehrt an unserer Energie. Deshalb müssen wir unsere Energiereserven immer wieder auffrischen.
Was eignet sich besser dazu als Müsliriegel? Sie sind lecker, haben genau die richtige Portionsgröße, lassen sich prima mitnehmen und stecken voller Energie.
Gekaufte Müsliriegel sind oftmals sehr lecker, aber sie produzieren leider auch eine ganze Menge Müll, den wir in den Bergen gerne vermeiden.
Deshalb kam uns irgendwann die Idee, unsere Müsliriegel einfach selbst zu machen und in einer Brotdose oder eingepackt in Bienenwachspapier mitzunehmen. Alles, was man dazu braucht, sind ein paar Zutaten und ein Hochleistungsmixer.

Zutaten für etwa 8 Riegel:

- 30 g Kokosraspeln
- 50 g gehackte Mandeln
- 100 g getrocknete Aprikosen
- 100 g entsteinte Datteln
- 25 g Haferflocken
- 1 TL Dattelsirup
- 1 EL Kokosöl
- etwas Zimt

TIPP: Sonstige Zutaten, die sich gut eignen: Kakaopulver für eine schokoladige Variante, Haferflocken, Rosinen oder andere Trockenfrüchte, Leinsamen

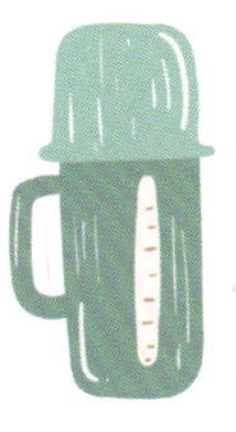

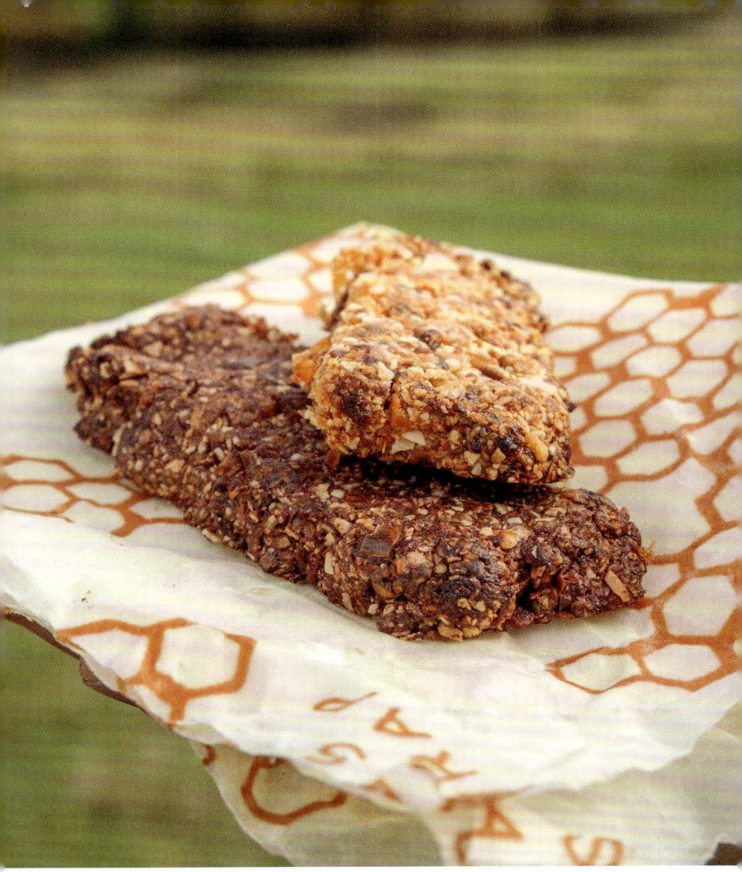

Zubereitung:

1. Den Backofen auf 170 °C vorheizen.

2. Alle Zutaten in den Hochleistungsmixer geben und auf mittlerer Stufe zerkleinern und zusammenmixen.

3. Die entstandene Mischung auf ein mit Backpapier belegtes Backblech geben, flach drücken und in eine rechteckige Form bringen.

4. Das Ganze etwa 35 Min. im vorgeheizten Backofen backen.

5. Müslimischung gut auskühlen lassen und dann in Streifen schneiden.

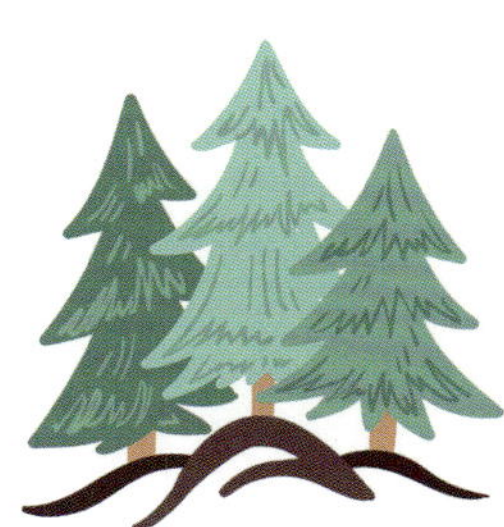

Rezept: A Tasty Hike

8

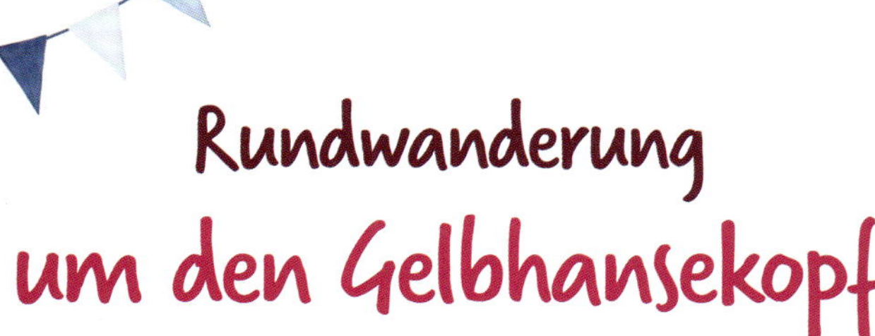

Rundwanderung um den Gelbhansekopf

Tolle Wanderung mit köstlicher Käse-Einkehr

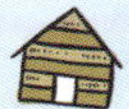

Die Alpe Seelosschelpen
Kontakt: Alpe Seelosschelpen,
87538 Balderschwang – Gelbhansekopf
https://www.alpgenuss.de/alpen/detail/alpe-seelosschelpen

fantastische Aussicht

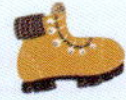

leicht begehbare Wanderwege, teils Wurzel- und Wiesenwege

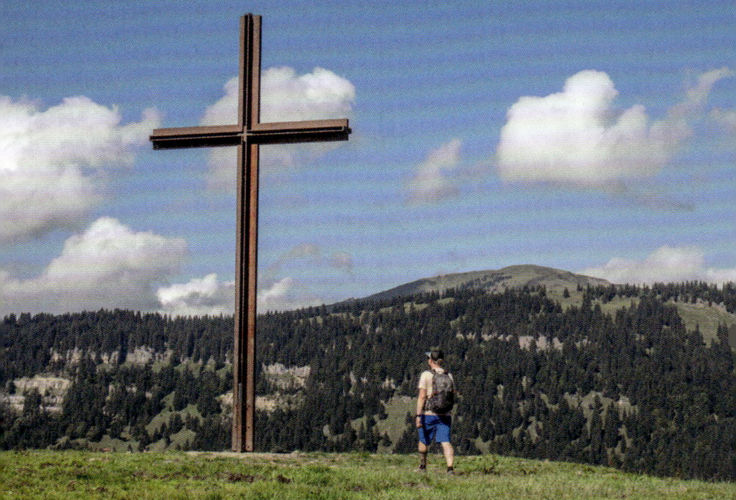

Gipfelkreuz Gelbhansekopf

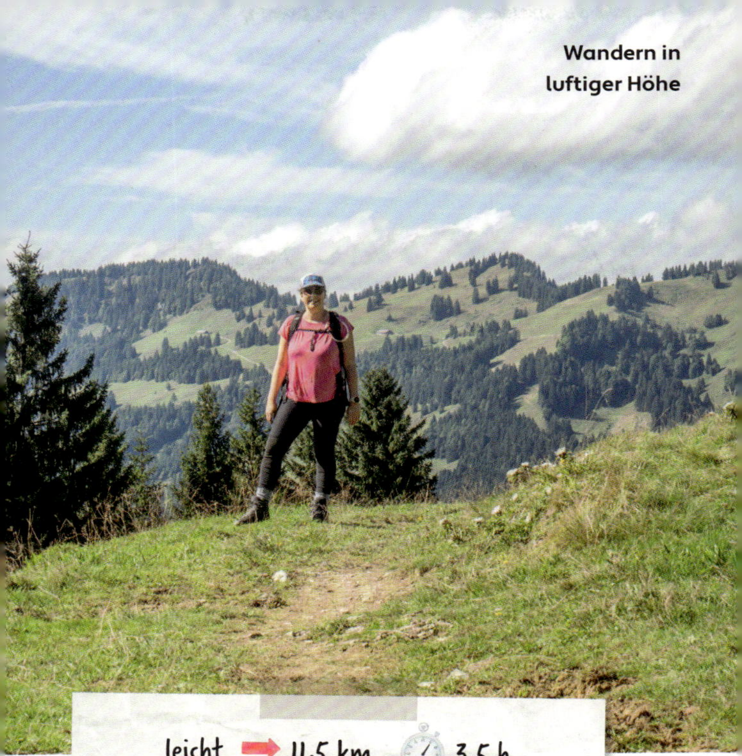

Wandern in luftiger Höhe

leicht → 11,5 km 3,5 h
490 hm

Parkplatz gegenüber des Hotels Hubertus in Balderschwang

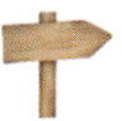

Wegverlauf:

Unsere Wanderung beginnt in Balderschwang am Wanderparkplatz gegenüber des Hotels Hubertus. Von hier aus wandern wir in westliche Richtung und folgen direkt hinter dem Parkplatz den Schildern in Richtung Höfle Alp. Der Wanderweg führt uns zu den Skiliften von Balderschwang, an denen wir vorbeilaufen. Direkt dahinter biegen wir rechts ab und folgen der Straße den Berg hinauf, bis wir die Höfle Alp sehen. Direkt vor der Höfle Alp führt der Weg links an der Alpe vorbei und durch einen Wald hindurch eine Straße entlang.

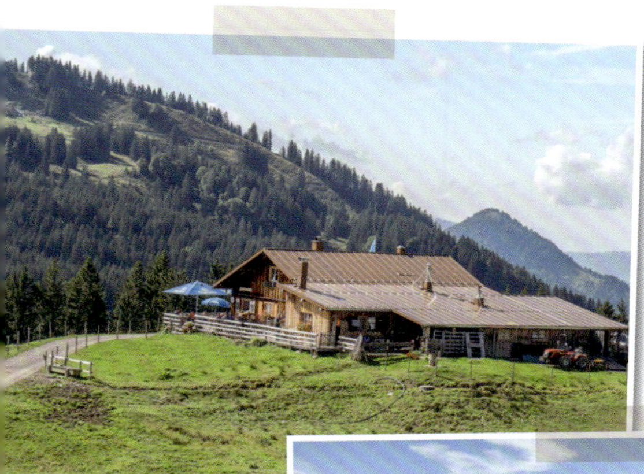

Alpe Seelos-schelpen

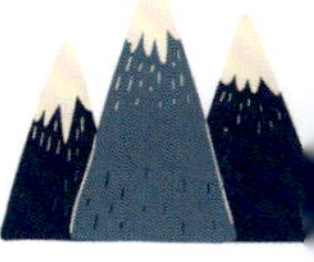

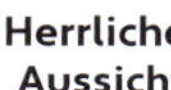

Herrliche Aussicht

Wir folgen dieser, biegen an der darauffolgenden Kreuzung links ab und wandern weiter den Fahrweg entlang, bis wir zur Bodenseehütte ❶ kommen. Dort verlassen wir die Straße, wandern über das Gelände der Bodenseehütte. Direkt dahinter startet unser Aufstieg zum Gelbhansekopf. In Serpentinen wandern wir über einen Wiesenweg den Berg hinauf, wo wir schon jetzt die herrliche Aussicht genießen können.
Nach etwas mehr als 4 Kilometern erreichen wir das Gipfelkreuz des Gelbhansekopf ❷. Hier lohnt es sich, etwas zu verweilen und die fantastische Aussicht ins Tal und die umliegenden Bergketten zu genießen, bevor es für kurze Zeit auf dem Fahrweg weiter bis zur Alpe Seelosschelpen ❸ geht. Die Alpe ist das Einkehrziel dieser Wanderung und ist im Allgäu vor allem als „Käse-Hütte" bekannt. Wir empfehlen die köstlichen Brotzeiten mit Käse aus eigener Herstellung.
Im Anschluss an die Einkehr wandern wir in östliche Richtung auf einem

gemütlichen Wald- und Wiesenweg über ein Hochplateau. Dabei können wir in fast alle Himmelsrichtungen einen wunderbaren Ausblick genießen. Nach insgesamt knapp 7 Kilometern beginnen wir unseren Abstieg und wandern über einen teils steilen Wurzelweg durch den Wald, der aber bald darauf in einen Fahrweg mündet, dem wir folgen, bis wir unten im Tal an der Lenzenalpe **4** ankommen.
Wir laufen an der Lenzenalpe vorbei, folgen der Kurve der Straße, überqueren über eine Brücke die Bolgenach und wandern dann entlang des Flusses auf ebenem Weg zurück zu unserem Ausgangspunkt.

Tipps

- **Käseautomat der Höfle Alp:** Kauf von regional hergestellten Produkten (Allgäuer Sennalpkäse, Alp Butter, Schinken und Wurst Spezialitäten) *www.hoeflealp-balderschwang.de*
- **Bodenseehütte Balderschwang**
Kontakt: Haus Nr. 50, 87538 Balderschwang
www.boden-balderschwang.de
- **Lenzenalpe**
Kontakt: Haus Nr. 17, 87538 Balderschwang
www.hoernerdoerfer.de/a-lenzenalpe-balderschwang-allgaeu

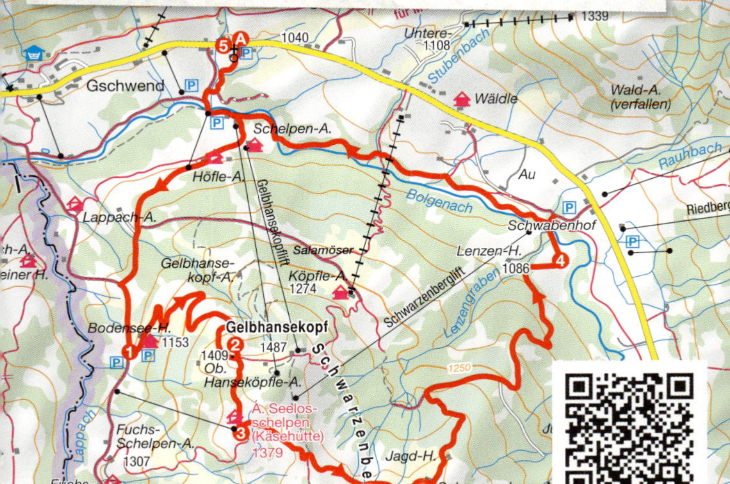

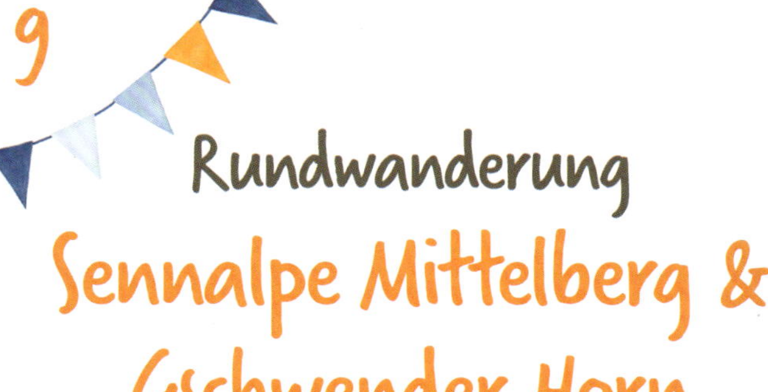

9

Rundwanderung Sennalpe Mittelberg & Gschwender Horn

Zwei Gipfel in einer Tour

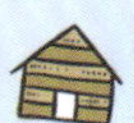

Sennalpe Mittelberg
Kontakt: Steigbachtal 1,
87534 Immenstadt im Allgäu
www.alpe-mittelberg.de

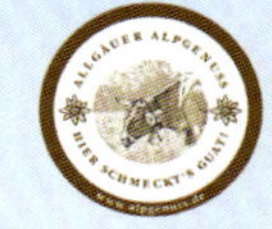

kinderfreundlich

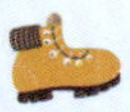

leicht begehbare Wanderwege, teils steil

Link zum Wandervideo:

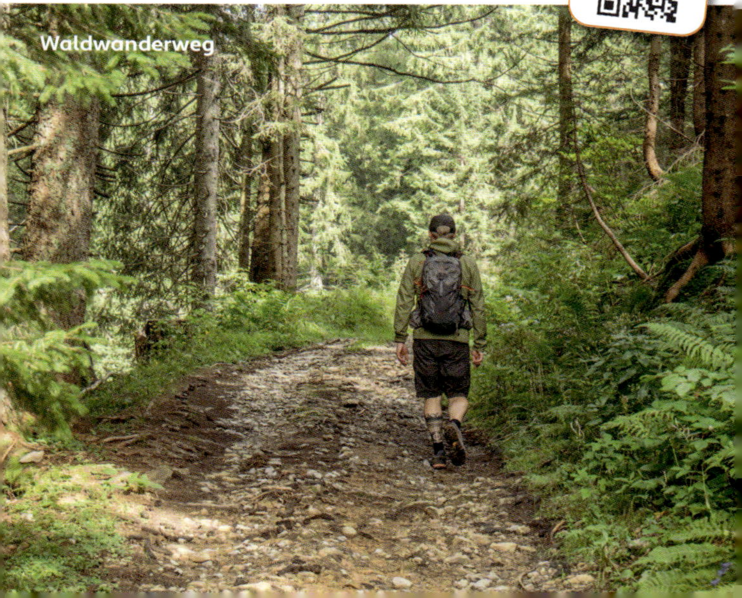

Waldwanderweg

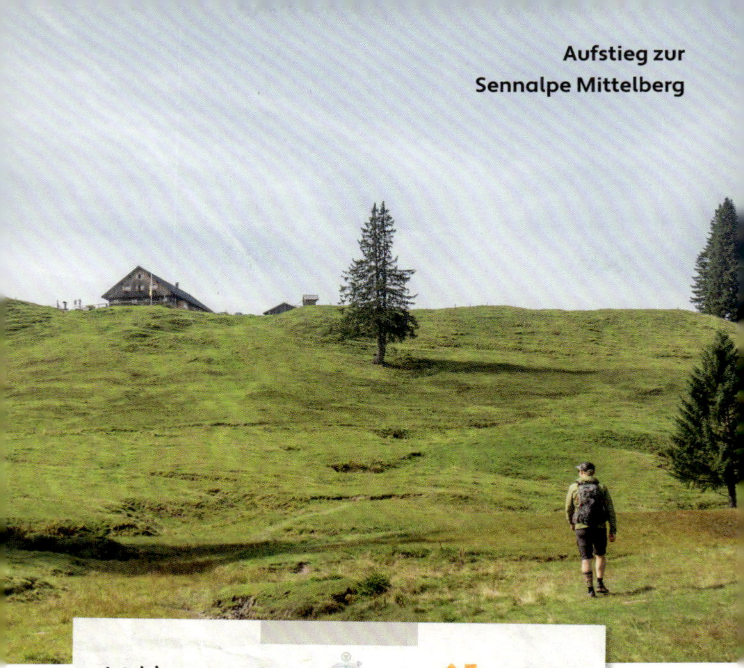

leicht → 12 km · 4 h · 660 hm

Parkplatz an der Alpsee-Bergwelt

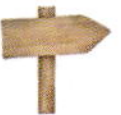

Wegverlauf:

Unsere Wanderung startet an der Bergstation der Alpsee Bergwelt 1, zur der wir mit dem Sessellift hochgelangen. Nach Ankunft an der Bergstation halten wir uns zunächst links und zweigen kurz vor dem Restaurant Bärenfalle rechts ab in Richtung Alpe Obere Kalle 2, die wir nach ca. 15 Minuten erreichen.
An der Alpe wandern wir vorbei und laufen geradeaus über die Kuhweide bergauf. Etwa 300 hm geht es nun recht steil bergauf. Dabei wandern wir zunächst mitten über die Wiese und dann durch ein kleines Waldstück. Nach etwa 2 Kilometern erreichen wir den ersten Gipfel: Die Eckhalde 3.
Hinter dem Gipfel halten wir uns links und folgen einem ebenen Wurzelweg, bis rechts ein schmaler Wanderpfad in Richtung „Obere Gündelalpe“ abzweigt, dem wir nun folgen. Wir wandern an der nicht bewirtschafteten Alpe vorbei und über einen schmalen Waldweg bergab.

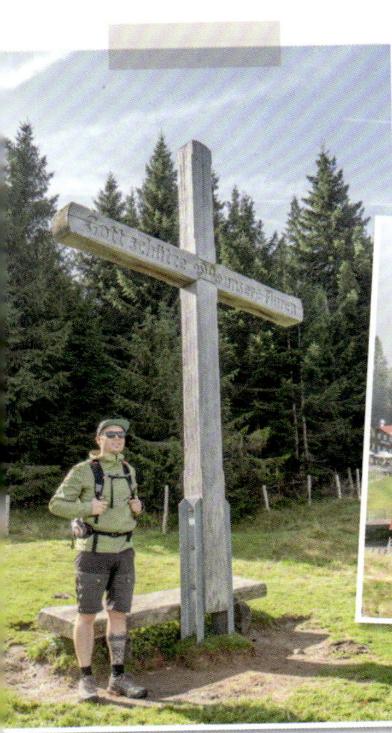

Gipfel Eckhalde

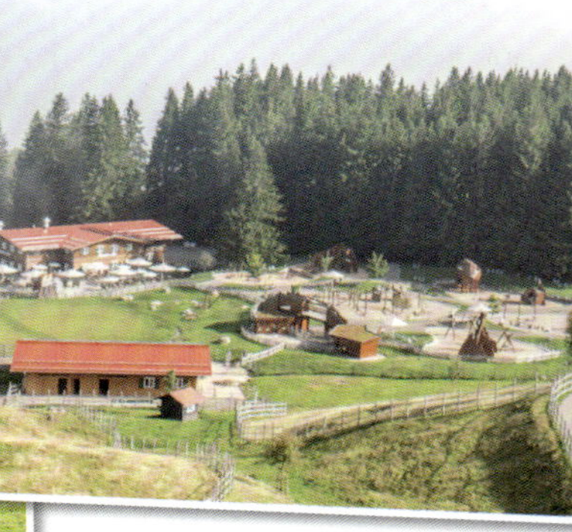

Alpsee Bergwelt

Im Anschluss folgen wir den Schildern in Richtung Sennalpe Mittelberg und wandern den Fahrweg entlang, bis wir an eine größere Weggabelung kommen. Dort biegen wir rechts ab und können von hier bereits die Sennalpe Mittelberg 4 auf einem Hügel liegen sehen. Der Wanderweg dorthin verläuft querfeldein und es müssen noch einmal ein paar Höhenmeter zurückgelegt werden. Dafür werden wir aber mit einer herrlichen Einkehr belohnt.

Weiter geht es über den Wiesenweg, über den wir gekommen sind, zurück bis zur Weggabelung. Hier halten wir uns dann rechts und laufen auf einige Häuser zu. Auf halbem Weg zweigt ein schmaler Wanderpfad nach links. Hier biegen wir ab und folgen dem Wanderweg zunächst über eine Wiese und dann in einen Wald hinein. Diesem folgen wir, bis wir zu einem weißen Haus gelangen. Dort biegen wir rechts ab und wandern geradewegs auf das Kemptner Naturfreundehaus zu 5.

Vom Kemptner Naturfreundehaus geht es links weiter auf einem gemütlichen Waldweg, der uns zurück zum Sessellift bringt. Unterwegs lohnt sich ein kleiner

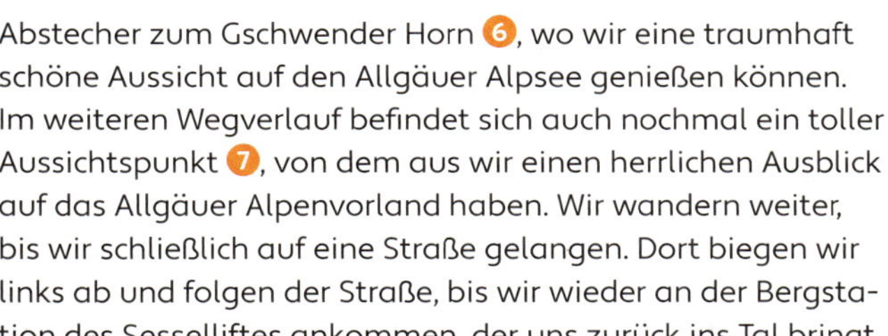

Abstecher zum Gschwender Horn 6, wo wir eine traumhaft schöne Aussicht auf den Allgäuer Alpsee genießen können. Im weiteren Wegverlauf befindet sich auch nochmal ein toller Aussichtspunkt 7, von dem aus wir einen herrlichen Ausblick auf das Allgäuer Alpenvorland haben. Wir wandern weiter, bis wir schließlich auf eine Straße gelangen. Dort biegen wir links ab und folgen der Straße, bis wir wieder an der Bergstation des Sesselliftes ankommen, der uns zurück ins Tal bringt.

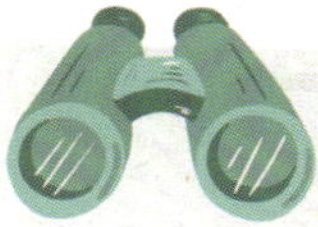

Tipps

- **Alpe Obere Kalle**
  Kontakt: Am Kleinen Alpsee, 87509 Immenstadt im Allgäu, *www.obere-kalle.de*
- An der Sennalpe Mittelberg unbedingt einen Bergkäse für Daheim mitnehmen
- **Kemptner Naturfreundehaus**
  Kontakt: Steigbachtal 12,
  87509 Immenstadt im Allgäu
- **Alpsee Bergwelt** sorgt für großen Spaß für Groß und Klein:
  - Alpsee Coaster (Sommerrodelbahn)
  - Abenteuer Alpe mit großem Spielplatz
  - großer Kletterwald
  - Alpaka-Wanderungen

www.alpsee-bergwelt.de

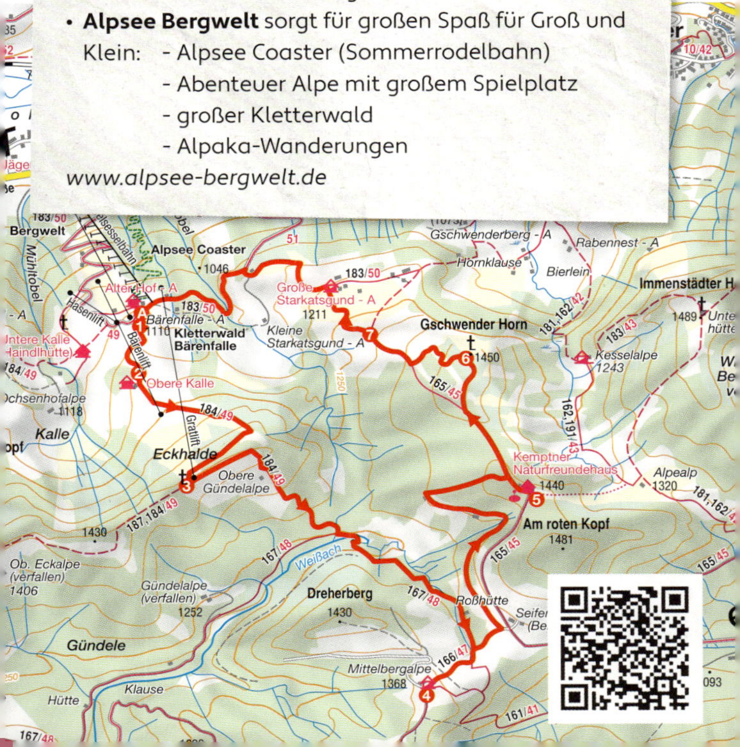

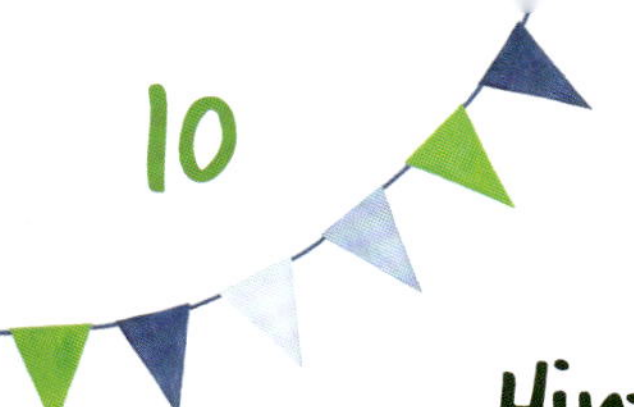

Hintersteiner Panoramarunde

Familienfreundliche Wanderung mit großartigem Panorama

Bergsteiger-Hotel „Grüner Hut“
Kontakt: Talstraße 97,
87541 Bad Hindelang
https://www.bergsteiger-hotel.de/

kinderfreundlich

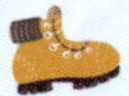

leicht begehbare, aber zum Teil schmale Wanderwege, teils Wurzelwege

Link zum Wandervideo:

Aussicht Köpfle

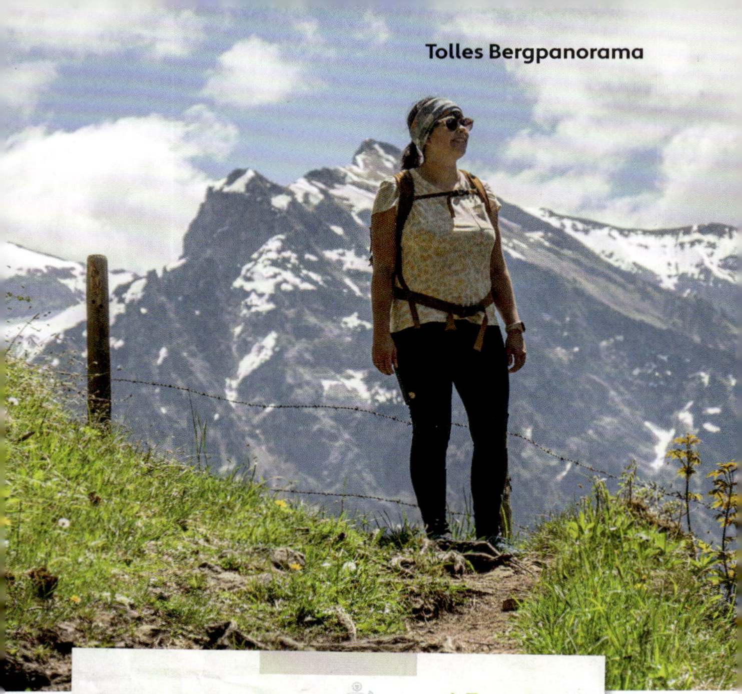

leicht 6,5 km 3 h 320 hm

Parkplatz Festhalle in Hinterstein

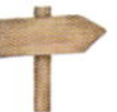

Wegverlauf:

Die Rundwanderung beginnt an der Festhalle in Hinterstein. Von dort wandern wir hinter der Kirche den Wanderweg entlang, der uns auf den Sangenweg führt. Diesem folgen wir, bis nach rechts ein Wanderweg abzweigt. Von hier aus folgen wir dem schmalen, aber wunderschönen Wanderweg. Dabei geht es immer leicht bergauf und wir können mit jedem Schritt eine noch schönere Aussicht über Hinterstein und das Hintersteiner Tal genießen. Der Weg verläuft teilweise durch den Wald, aber auch immer wieder am Waldrand entlang.

Nach etwa 2 Kilometern erreichen wir die Zipfelsbachwasserfälle ❶ und überqueren den Bachlauf über eine Brücke, die uns direkt am Wasserfall vorbeiführt. Auf der anderen Seite bietet eine Bank unter den Bäumen eine herrliche Möglichkeit für eine entspannende Pause.

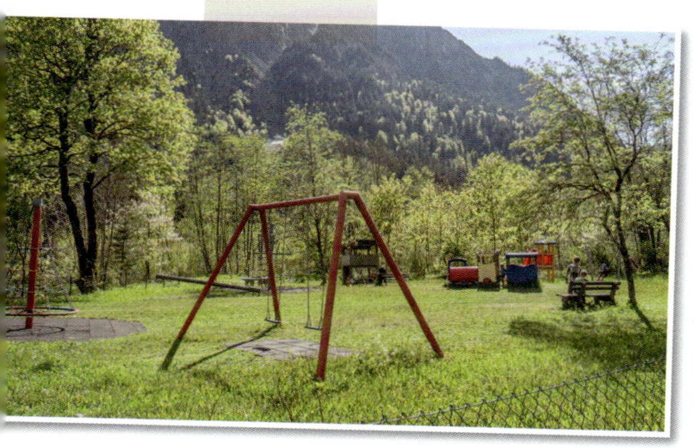

Toller Kinderspielplatz

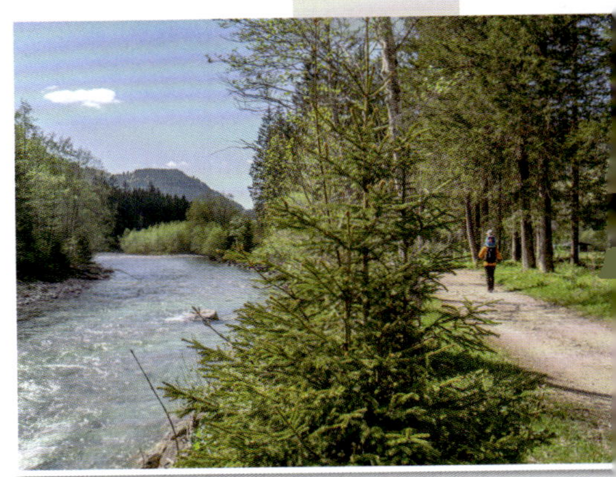

Wandern am Ufer der Ostrach

Nun geht es weiter durch den Wald. Der Wanderweg verläuft parallel zum Dorf Hinterstein. Wir wandern so lange weiter, bis wir an eine Weggabelung kommen.

Rechts führt der „Sommerweg" hinunter ins Tal. Wir nehmen aber die linke Abzweigung und wandern weiter parallel zum Dorf, bis links ein schmaler Wanderpfad zum Aussichtspunkt „Köpfle" abzweigt. Hier biegen wir ab und wandern auf dem schmalen Wald- und Wurzelweg über Serpentinen den Berg hinauf.

Dabei können wir herrliche Aussichten auf das Hintersteiner Tal genießen 2 und erreichen schließlich den Aussichtspunkt Köpfle 3 auf 1.089 m. Auch hier lohnt es sich, eine kurze Zeit zu verweilen und die Aussicht in alle Richtungen zu genießen, bevor es auf gleichem Weg wieder den Berg hinunter geht.

Nach etwa einem halben Kilometer erreichen wir wieder eine Abzweigung. Hier biegen wir links ab und folgen dem Wanderweg durch den Wald bis hinunter ins Hintersteiner Tal. Nach einer Weile gelangen wir zum Bergsteiger-Hotel „Grüner Hut“ 4, wo eine Einkehr möglich und lohnenswert ist. Direkt gegenüber des Hotels wandern wir nach der Einkehr ein kurzes Stück auf der Straße „Im Schlauchen“, bis rechts ein Weg hinunter zur Ostrach führt. Weiter geht es auf einem ebenen Spazierweg am Ufer der Ostrach entlang und wir genießen dabei das wunderschöne Bergpanorama 5. Wir wandern weiter, bis rechts ein Weg zurück zur Festhalle nach Hinterstein abzweigt. Diesem folgen wir, bis wir zurück zum Ausgangspunkt kommen. Auf diesem Weg liegt zudem ein toller Spielplatz für die kleinen Wanderer 6.

Tipps

- Toller Spielplatz am Ende der Tour
- Kombinationsmöglichkeit mit der Tour zur Willersalp

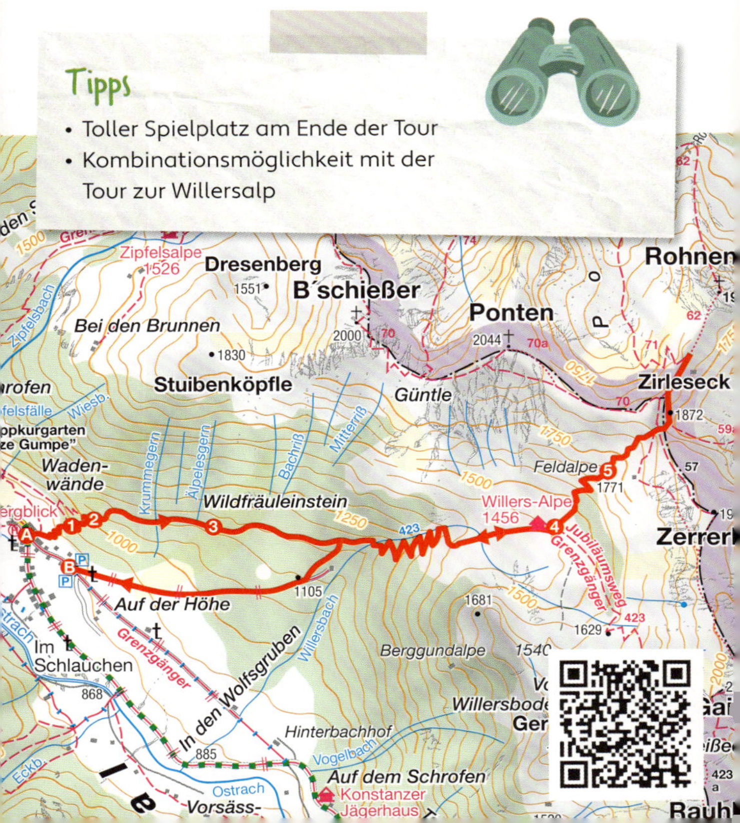

Wandern mit Kindern – so macht es Spaß

Die meisten Kinder gehen von Grund her gerne wandern, denn sie lieben Abenteuer und entdecken gerne Neues. Es liegt also an uns Erwachsenen, wie spannend wir eine Wandertour mit Kindern gestalten.
Mit unseren Tipps wird die nächste Wanderung mit der ganzen Familie garantiert nicht zum Flopp:

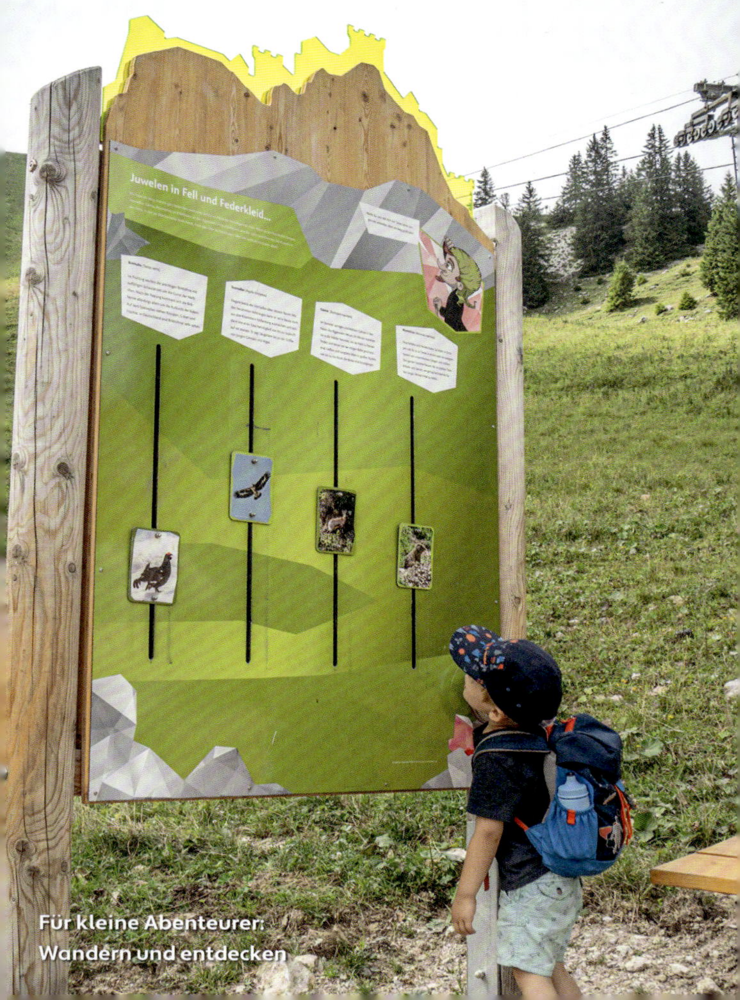

Für kleine Abenteurer:
Wandern und entdecken

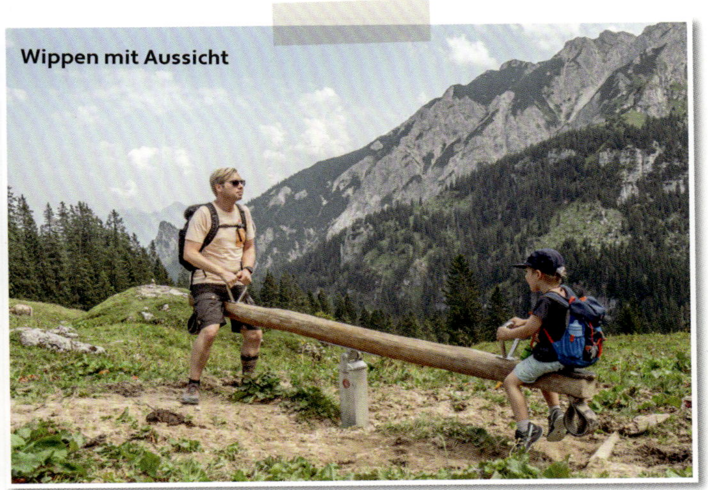
Wippen mit Aussicht

- Wandertour auswählen, auf der es etwas zu entdecken gibt (z.B. der Walderlebnispfad bei Scheidegg)
- Ausreichend Zeit einplanen, damit Kinder viel Zeit zum Entdecken und Erkunden haben
- Etwas Besonderes zum Essen einpacken, das es sonst nicht gibt
- Lieder beim Wandern singen
- Freunde mitnehmen
- Spielen (z.B. Ich sehe was, was du nicht siehst oder Verstecken spielen)
- Bestimmte Sachen suchen lassen
- Ein Wettrennen veranstalten
- Forscher-Equipment mitnehmen (Lupe, Stirnlampe, Fernglas)
- Tiere suchen
- Pflanzenarten bestimmen
- Über Stock und Stein klettern
- Wanderpass zum Sammeln von Stickern oder Stempeln für geschaffte Wanderungen
- Wanderstöcke selber suchen
- Erinnerungsstücke einpacken (z.B. Blätter zum Trocknen, Steine, Tannenzapfen...)
- Steinmännchen bauen
- Wegweiser suchen
- Einkehrmöglichkeiten mit Spielplatz suchen
- Eine Belohnung, wenn das Ziel erreicht ist

11

Wanderung zur Willersalpe

Eine der ursprünglichsten und urigsten Alpen im Allgäu

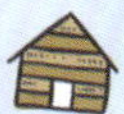

Willersalpe
Kontakt: 87541 Hinterstein
https://www.hinterstein.de/urlaub/sommer/huetten/willersalpe/

herrliches Bergpanorama & urige Einkehr

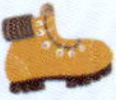

steile, aber gut begehbare Wanderwege

Link zum Wandervideo:

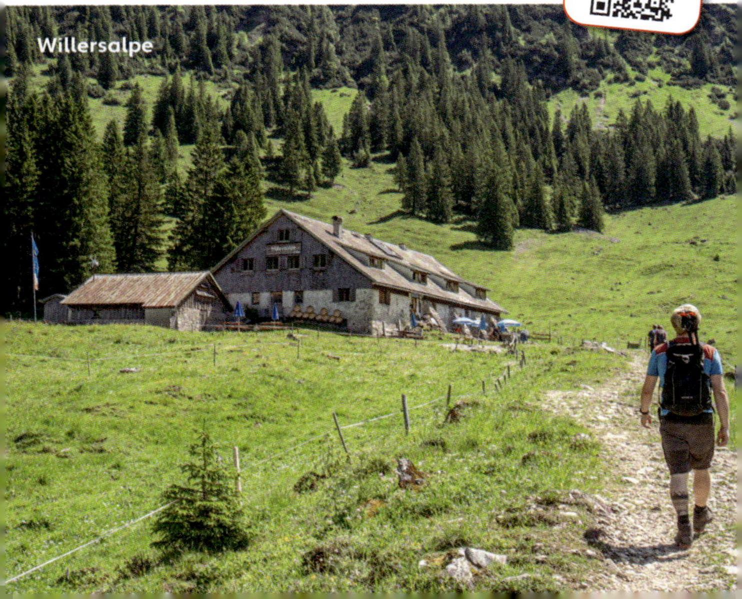

Willersalpe

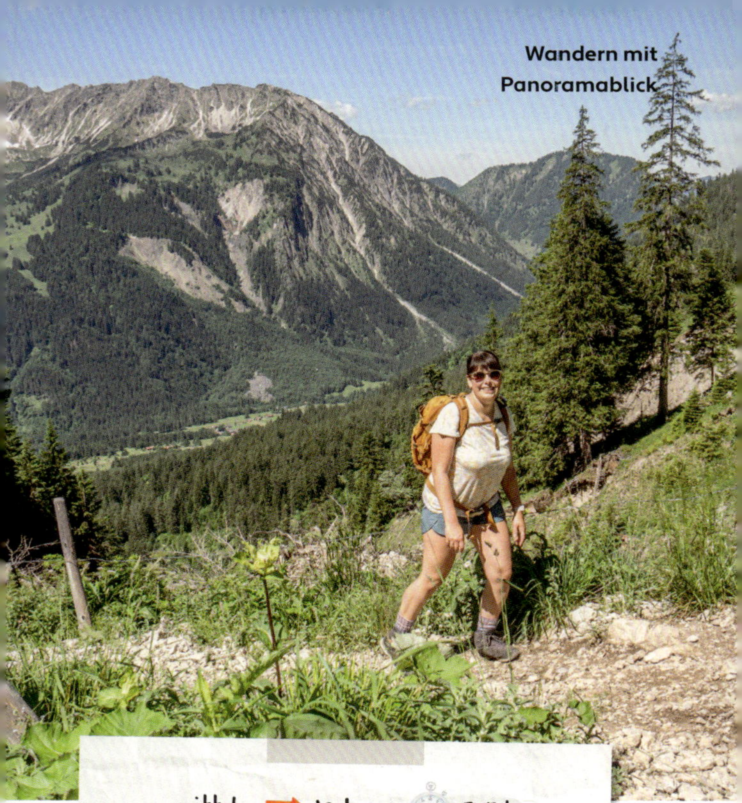

Wandern mit Panoramablick

mittel 10 km 3,5 h
600 hm

Parkplatz „Auf der Höh" in Hinterstein

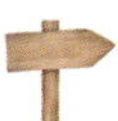

Wegverlauf:

Die Wanderung beginnt am Wanderparkplatz „Auf der Höh" in Hinterstein. Wir wandern zunächst ein kurzes Stück zurück die Straße entlang, bis wir zum Bergsteigerhotel „Grüner Hut" gelangen. Direkt hinter dem Hotel beginnt der Wanderweg, der uns hinauf zur Willersalpe führt.
Dieser verläuft am Anfang durch den Wald auf einem schmalen Pfad in Serpentinen den Berg hinauf. Dabei können wir, je höher wir steigen, die wunderbare Aussichten 1 genießen. Nach etwa 40 Minuten erreichen

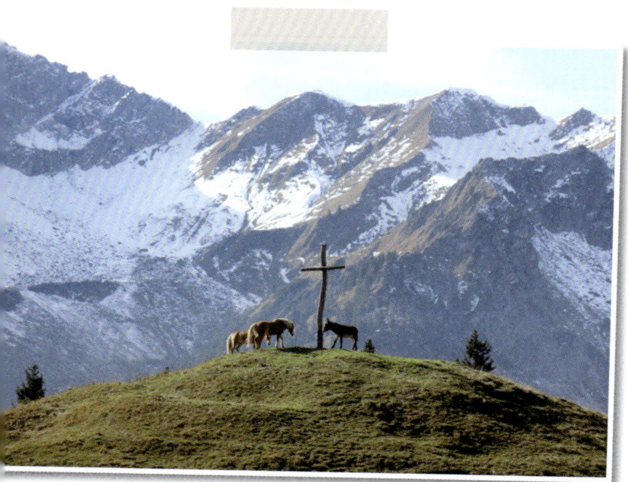

Bergpanorama

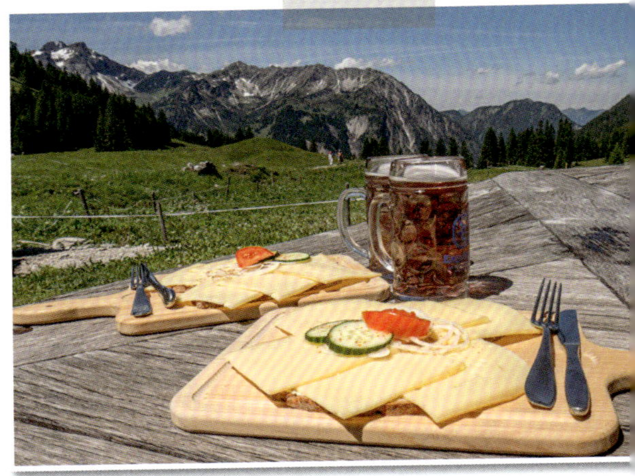

Das schmeckt!

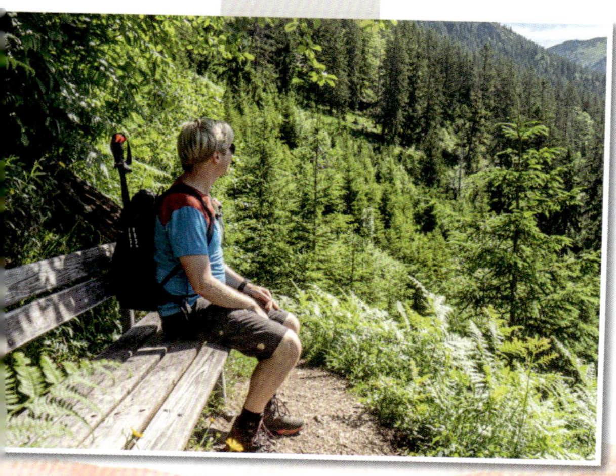

Aussicht genießen

wir den Aussichtspunkt Köpfle ❷. Hier lohnt sich eine Rast, bei der wir die tolle Aussicht auf das herrliche Bergpanorama genießen können.

Danach geht es etwas ebener, aber weiterhin auf einem schmalen Waldpfad weiter, bis wir Wildfräuleinstein ❸ erreichen. Hier lohnt sich ein kurzer Stop, um die Geschichte der Wildfräulein von Hinterstein kennenzulernen und auch einmal selbst in eine ihrer „Höhlen" zu klettern. Mit der Zeit wird der Weg ab hier immer steiler, ist aber weiterhin sehr gut begehbar.

Nach etwa einer Stunde erreichen wir das Ziel unserer Wanderung: die Willersalpe ❹. Dabei handelt es sich um eine der urigsten und ursprünglichsten Alpen im Allgäu. Hier können wir eine köstliche Einkehr und herrliche Aussichten auf das Hochplateau und das umliegende Bergpanorama genießen.

Zurück geht es dann auf dem gleichen Weg, den wir den Berg hinauf gewandert sind.

Tipps

- Highlight für Kinder: Auf den Weiden der Willersalpe gibt es viele Tiere zu beobachten
- Kombinationsmöglichkeit mit der Hintersteiner Panoramarunde (siehe S. 54)

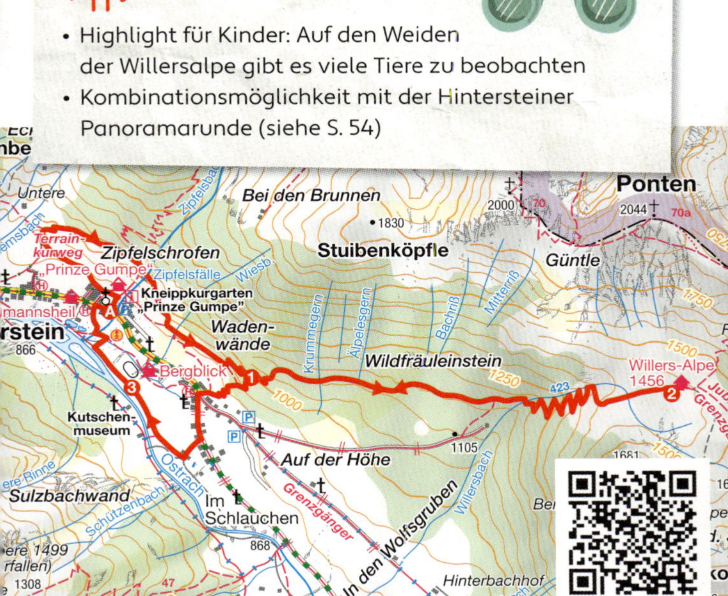

12

Von Jungholz über die Reuterwanne

Unscheinbarer Gipfel, der mit viel Bergpanorama belohnt

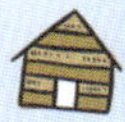

Alpe Stubental
Kontakt: A-6691 Jungholz
www.alpestubental.com

traumhaftes 360°-Bergpanorama am Gipfel

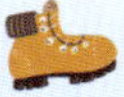

leicht begehbare Fahr- und Wanderwege, oben teils Wurzelwege

Link zum Wandervideo:

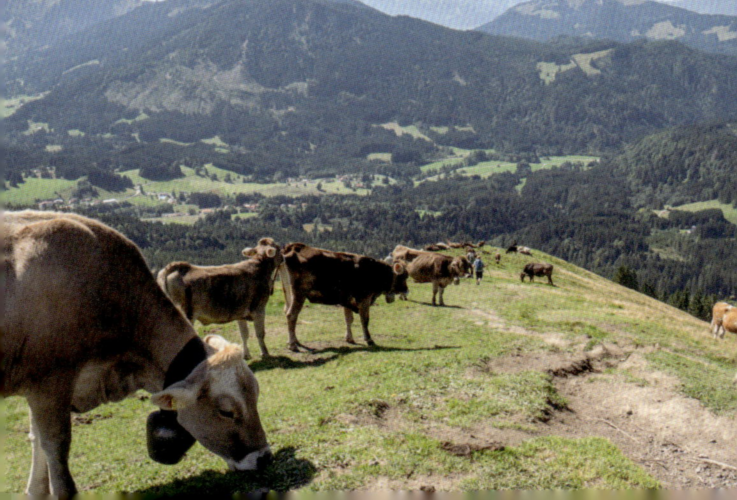

Alpsommer

Allgäuer Alpen-
panorama

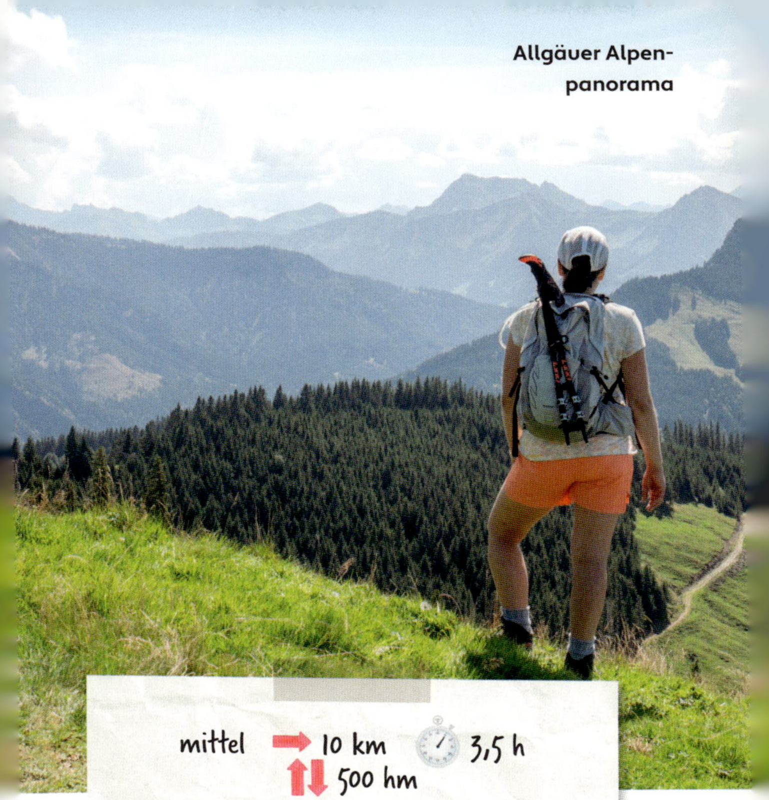

mittel 10 km 3,5 h
500 hm

Parkplatz in Langenschwand
hinter Jungholz

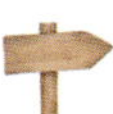

Wegverlauf:

Wir starten unsere Wanderung auf dem Parkplatz in Langenschwand direkt hinter Jungholz. Zunächst wandern wir ein paar Meter die Hauptstraße entlang Richtung Jungholz, bis rechts ein Weg zum Jungholzer Höhenweg 2 abzweigt. Diesem folgen wir und wandern entspannt am Fuße des Pfeifferberges und oberhalb von Jungholz entlang.
Kurz darauf kommen wir an einer wunderschön hergerichteten Kneippanlage vorbei. Während der Wanderung genießen wir das herrliche Panorama der Allgäuer Hochalpen. Oberhalb von Gießenschwand, kurz nach einem Weiher, biegen wir rechts ab auf einen Waldweg. Wir überqueren

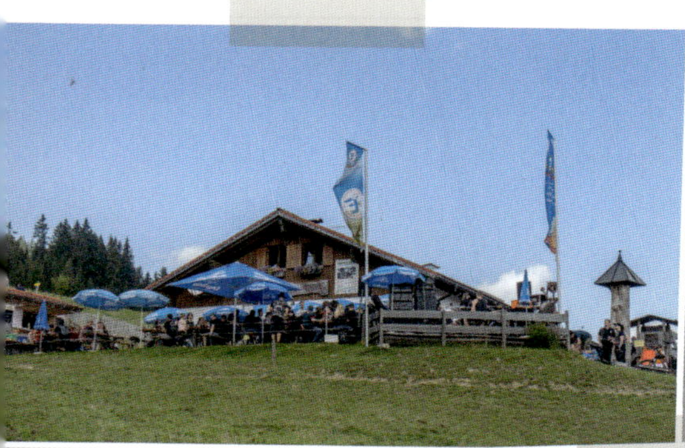

Alpe Stubental

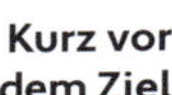

Kurz vor dem Ziel

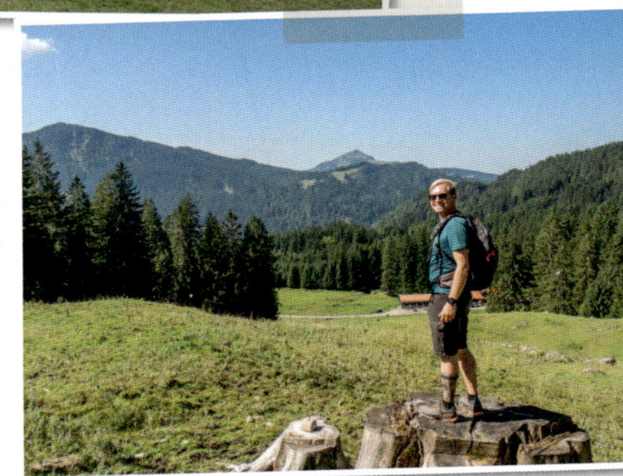

den Ebenwies-Bach und folgen dem Wanderweg durch den Wald den Berg hinauf. Kurze Zeit später queren wir die Grenze und verlassen die österreichische Enklave Jungholz. Serpentinenförmig schlängelt sich der Fahrweg nun den Berg hinauf, dem wir bis oben folgen. Nach insgesamt etwa 5 Kilometern erreichen wir ein kleines Plateau, von dem aus wir einen herrlichen Blick auf den Grüntensee unter uns haben ❸. Der Weg führt uns nun wieder in einen Wald und aus dem Fahrweg wird ein schmaler Wald- und Wurzelweg, der sich steil den Berg hinauf schlängelt. Wir laufen weiter und nach insgesamt 6 Kilometern kommen wir bei unserem heutigen Wanderziel an: dem Gipfel der Reuterwanne ❹.
Mitten in einer Kuhweide genießen wir die 360°-Aussicht, bevor wir uns auf den zunächst recht steilen Abstieg auf der anderen Seite des Berges begeben. Nach dem steileren Abstieg geht es weiter auf einem schmalen Wanderpfad und ab der Alpe Obere Reuterwanne ❺ auch kurz wieder

auf einem Fahrweg, bis rechts ein Weg Richtung Alpe Stubental ❻ abzweigt, der uns durch den Wald direkt zur Alpe führt. Nach einer entspannten Einkehr wandern wir auf der anderen Seite der Alpe über den Fahrweg zurück nach Langenschwand und erreichen nach fast 10 Kilometern wieder den Ausgangspunkt.

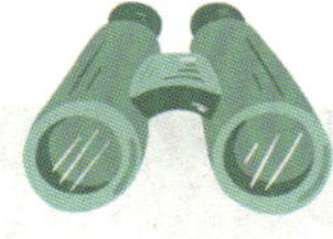

Tipps

- Die Alpe Stubental bietet oft Livemusik an. Es lohnt sich vorab einen Blick auf ihre Homepage zu werfen, um zu erfahren, wann dort Veranstaltungen sind.
- Tolle Sonnenterasse und Kinderspielplatz an der Alpe. Somit steht einer entspannten Einkehr nichts im Weg.
- An heißen Sommertagen kann man nach der Wanderung im nahe gelegen Grüntensee einen Sprung ins kühle Nass wagen und den Tag dort ausklingen lassen.
- Unbedingt den Parkplatz in Langenschwand (nicht den Parkplatz bei den Skiliften) als Ausgangspunkt der Wanderung nutzen.

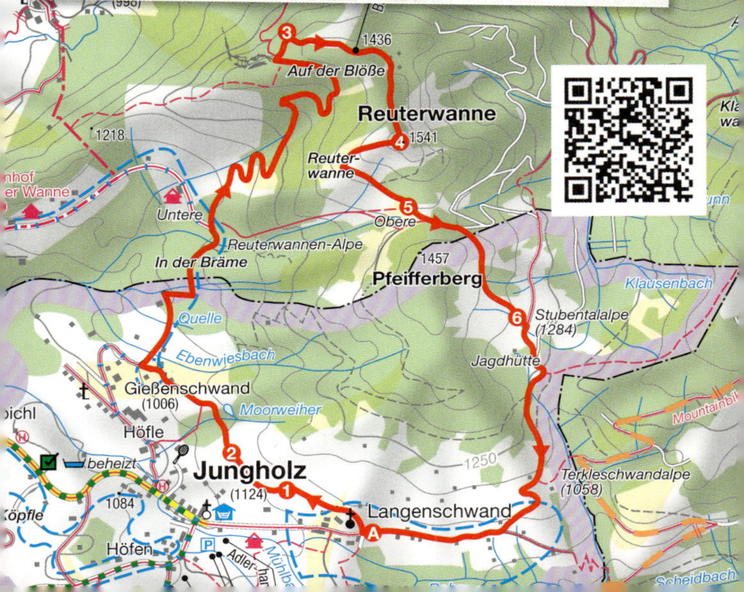

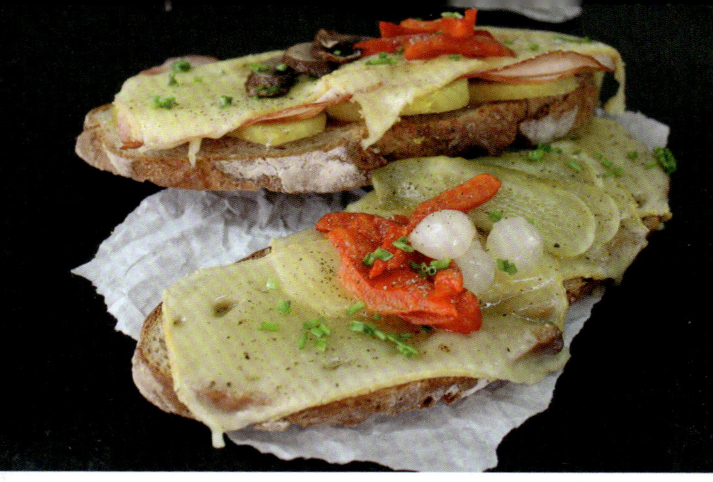

Raclettebrot

Zutaten:
4 Pellkartoffeln (festkochend), 8 Scheiben Bauernbrot,
8–16 Scheiben gekochter Schinken,
16 Scheiben Raclettekäse
Zum Anrichten:
2–3 braune Champignons,
etwas Rapsöl, Salz, Pfeffer,
eingelegtes Gemüse (Essiggurken,
Paprika, Silberzwiebeln),
Schnittlauch

TIPP:
Schmeckt natürlich auch mit Tomaten- oder Zucchinischeiben.

Zubereitung:

1. Die Kartoffeln schälen und in Scheiben schneiden. Die Brotscheiben mit den Kartoffeln, dem Schinken und dem Käse belegen und überbacken.
   Backzeit: 8 bis 10 Min. bei 200 °C (180 °C Heißluft)
2. Die Champignons putzen und in Scheiben schneiden. Im heißen Öl andünsten und würzen. Etwas eingelegtes Gemüse abtropfen lassen.
3. Die Brotscheiben mit den Pilzen und dem Gemüse anrichten und mit Schnittlauch bestreut servieren.

Rezept aus: „Brot, Brötchen und mehr …“
AVA-Agrar-Verlag – www.ava-verlag.de

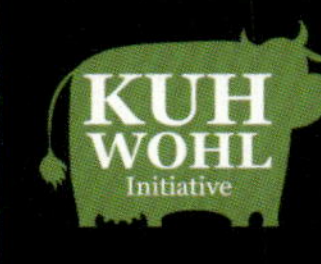

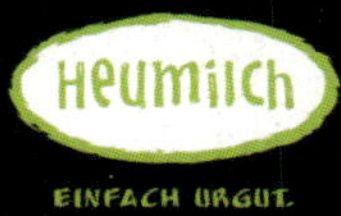

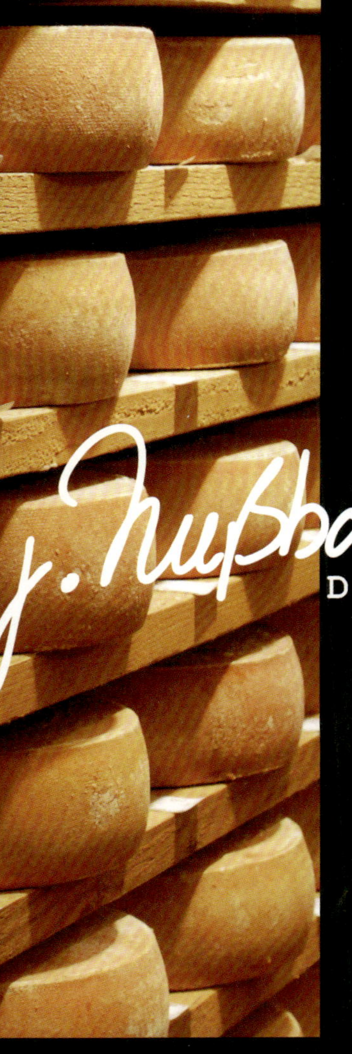

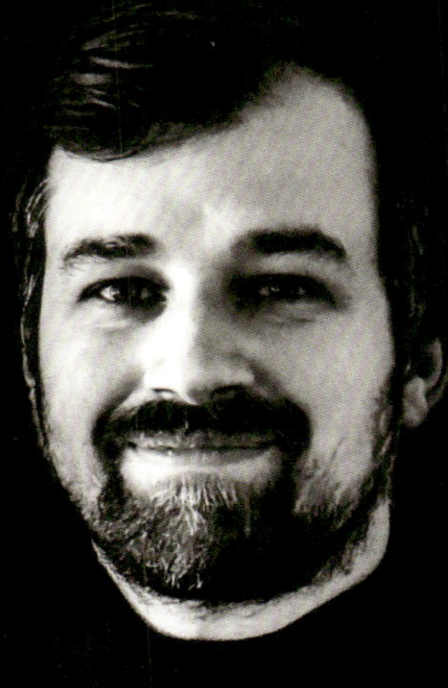

j. Nußbaumer
Dorfkäserei

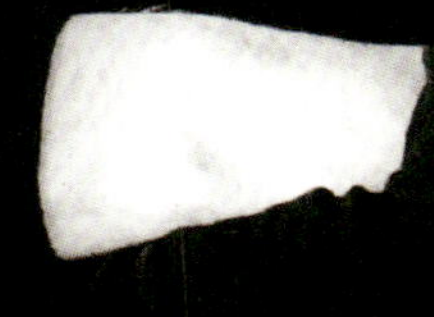

orfkäserei Nußbaumer
onstanzer 1 - Oberstaufen
ichtung Immenstadt

ffnungszeiten:
o-Sa 10-18 Uhr
o und Feiertag 12-18 Uhr

l: 08325 9230

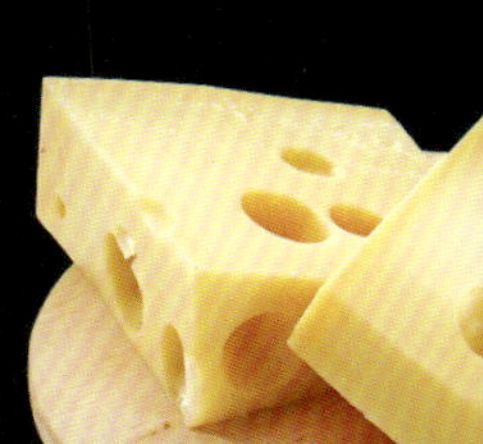

13

Hörmoosrunde mit Kojenstein

Gemütliche Familienrunde

Alpengasthof Hörmoos
Kontakt: Falkenweg,
87534 Oberstaufen – Steibis
www.hoermoos.de

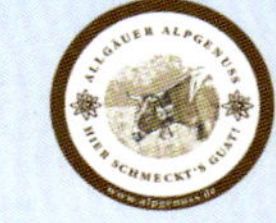

kinderfreundlich

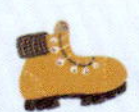

leicht begehbare Wanderwege, teils Wurzelwege

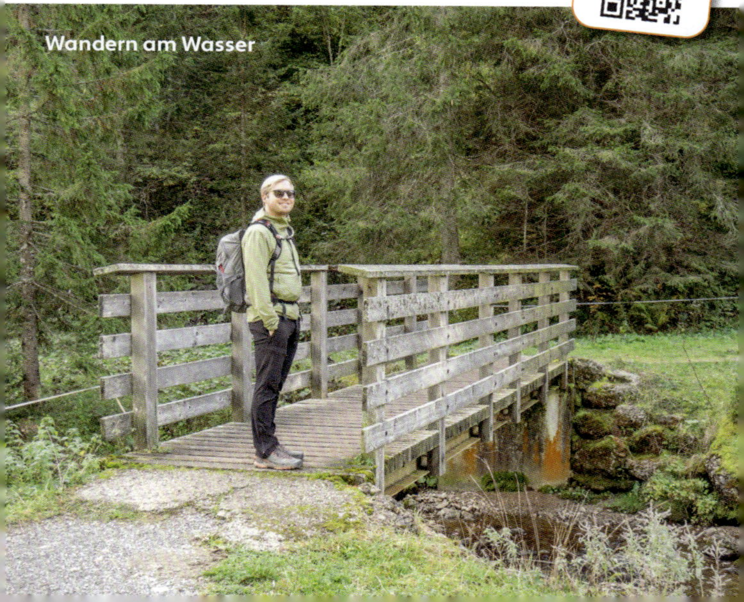

Wandern am Wasser

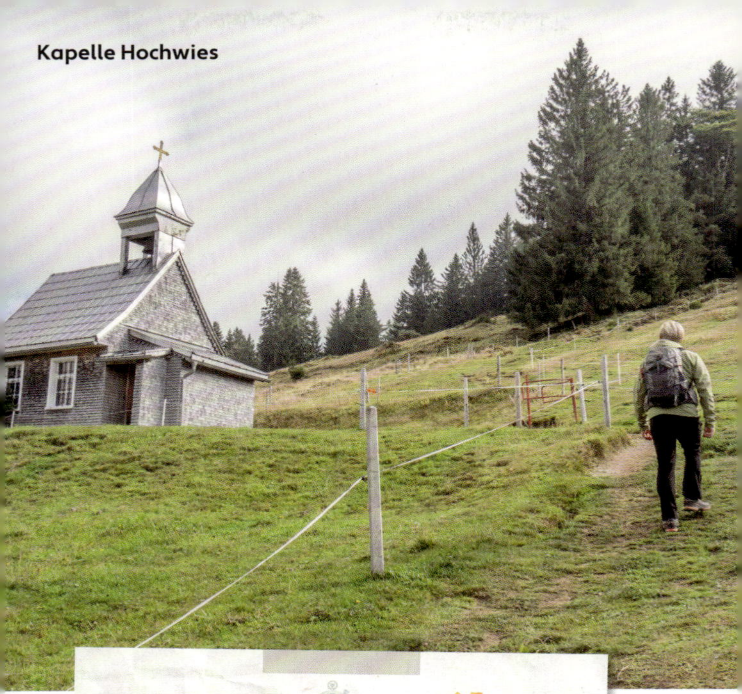

leicht → 8 km · 2,5 h · 310 hm

Parkplatz Hochhäderich

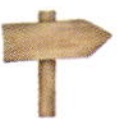

Wegverlauf:

Unsere Wanderung beginnt auf der österreichischen Seite am Parkplatz Hochhäderich. Wir verlassen den Parkplatz auf dem Weg, auf dem wir gekommen sind, wandern ein kurzes Stück die Straße entlang, bevor wir nach etwa 900 Metern rechts abzweigen und den Schildern in Richtung Kojenstein folgen. Es folgt ein kurzer Anstieg über einen Wiesenweg, bevor wir unser erstes Wanderziel erreichen: den Kojenstein-Gipfel 1.

Weiter geht es auf dem Kamm entlang über einen Wurzelweg durch den Wald. Ganz entspannt wandern wir auf recht ebenem Weg vorbei am sogenannten Steinernen Tor, bis wir an eine weitere Weggabelung kommen. Hier halten wir uns rechts und wandern über die Wiese in Richtung Tal. Kurze Zeit später erreichen wir einen Fahrweg, über den

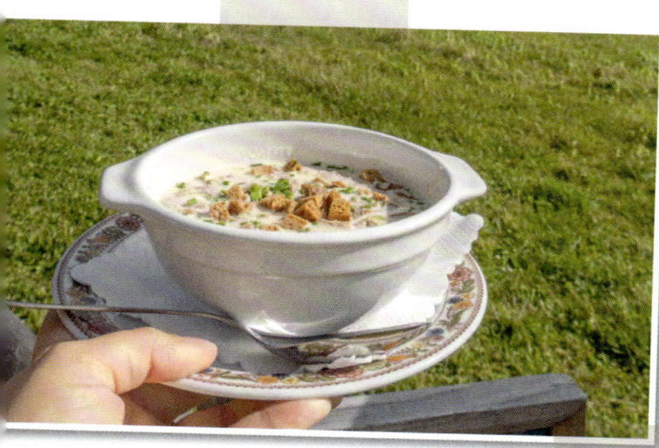

Einkehr im Alpengasthof Hörmoos

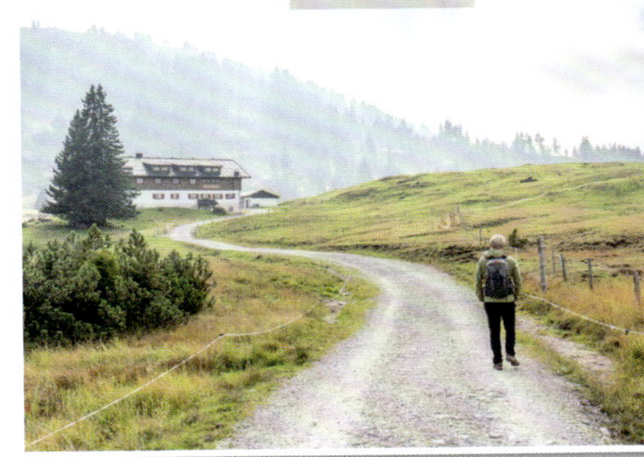

Fahrweg zurück zum Ausgangspunkt

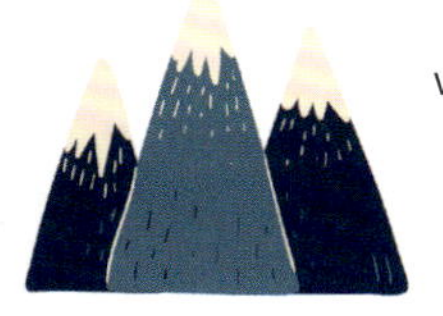

wir zur ersten Einkehrmöglichkeit der Tour kommen: der Alpe Glutschwanden 2. Vor der Alpe zweigt ein Weg ab, der uns tiefer ins Tal hineinführt, bis wir an einen Bachlauf kommen. Diesen überqueren wir über eine Brücke und beginnen dann wieder unseren Anstieg auf der anderen Seite des Tals. Etwa 150 Höhenmeter geht es nun bergauf, bis wir an der malerisch gelegenen Kapelle Hochwies 3 ankommen.

Direkt an der Kapelle vorbei führt ein schmaler Wanderpfad den Berg hinauf. Diesem folgen wir und erklimmen über einen Wurzelweg die restlichen Höhenmeter.

Oben angekommen, erwartet uns eine fantastische Aussicht und auch unsere zweite Einkehrmöglichkeit, der Alpengasthof Hörmoos 4, ist von hier bereits zu sehen. Auf der anderen

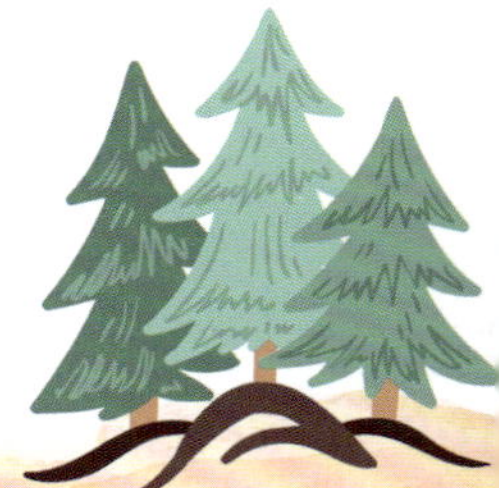

Seite wandern wir über sanfte Wiesenwege hinunter zur Straße, folgen dieser noch ein Stück, bis wir beim Alpengasthof ankommen.

Nach der Einkehr geht es in Richtung Hubertushaus weiter. Dort wandern wir vorbei und folgen dem gekiesten Fahrweg, der uns wieder zurück zum Ausgangspunkt der Wanderung bringt.

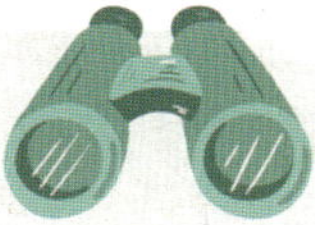

Tipps

- Die Wanderung ist ganzjährig möglich und auch im Winter toll
- **Alperlebnispfad für lehrreiche Wanderabenteuer** *www.allgaeu.de/a-6-alperlebnispfad-am-imberg*
- **Alpe Glutschwanden** mit tollem Spielplatz
- **Michels Kräuter-Alp** verkauft direkt neben dem Alpengasthof Hörmoos regionale Schnäpse, Liköre und Kräutertöpfchen (Öffnungszeiten: Mitte Mai - Anfang November, Samstag, Sonntag und Montag 14.30-16.30 Uhr) *www.kraeuteralp.de*

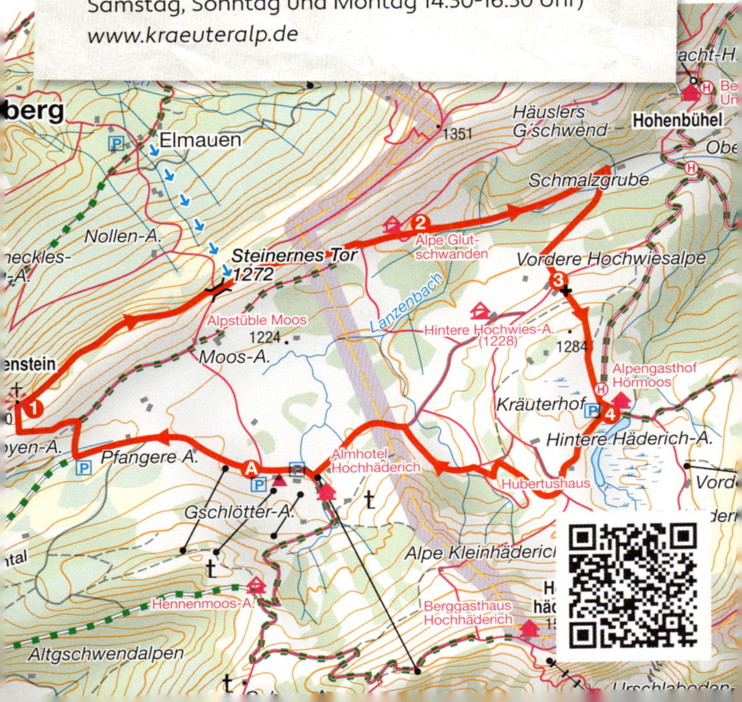

Allgäuer Brotzeit

Was wäre eine Wanderung in den Bergen ohne eine leckere Brotzeit. Wir lieben es, beim Wandern in Hütten am Weg einzukehren. Doch leider gibt es nicht auf jeder Tour eine passende Einkehrmöglichkeit.
Unsere Lösung: Eine Allgäuer Brotzeit einfach selbst machen, mitnehmen und an einem wunderschönen Ort in den Bergen bei herrlicher Aussicht essen.
Die Brotzeit kann komplett vor der Wanderung vorbereitet werden. Wir empfehlen aber, sie erst am Berg komplett zusammenzustellen, damit nichts matschig wird.

Zutaten:
2 Scheiben Brot,
1-2 Scheiben Allgäuer Bergkäse,
1 Scheibe Leberkäse, 1 Ei, Apfel, Butter,
etwas Schnittlauch,
Cocktailtomaten, Heidelbeeren

Vorbereitung daheim:

1. Brot in Scheiben schneiden und mit Butter bestreichen.
2. Den Leberkäse anbraten.
3. Das Ei als Spiegelei braten.
4. Den Apfel waschen und in dünne Scheiben schneiden.
5. Den Schnittlauch klein schneiden.
6. Die Cocktailtomaten und Heidelbeeren waschen.
7. Alles in einer Brotdose sicher verstauen.

Zubereitung am Berg:

1. Eine Scheibe Brot mit Leberkäse und Spiegelei belegen und mit Schnittlauch garnieren.
2. Die andere Scheibe Brot mit Allgäuer Bergkäse, Apfelschnitzen und Heidelbeeren belegen.
3. Zur Brotzeit Cocktailtomaten servieren.

Rezept: A Tasty Hike

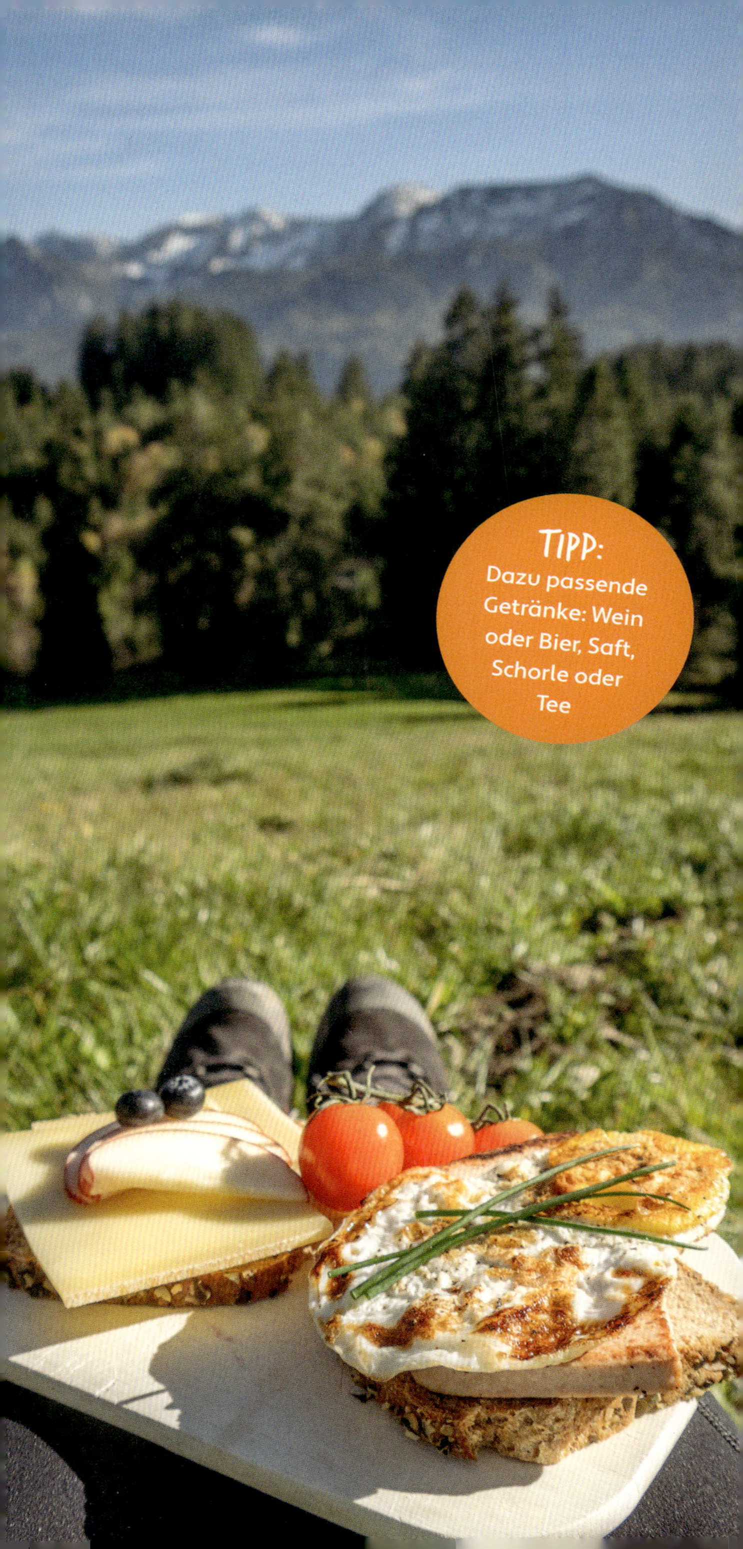
TIPP:
Dazu passende Getränke: Wein oder Bier, Saft, Schorle oder Tee

14

Deutsch-Österreichische Wanderung im Lecknertal

Fantastische Aussichten auf die Nagelfluhkette

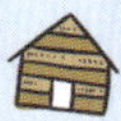

Alpengasthof Höfle
Kontakt: Lecknertal 173,
6952 Hittisau, Österreich
https://www.hoeflegasthof.com/

kinderfreundlich, gemütliche Wanderung

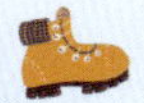

leicht begehbare
Kies- und Wiesenwege

Link zum Wandervideo:

Wandern auf Wiesenwegen

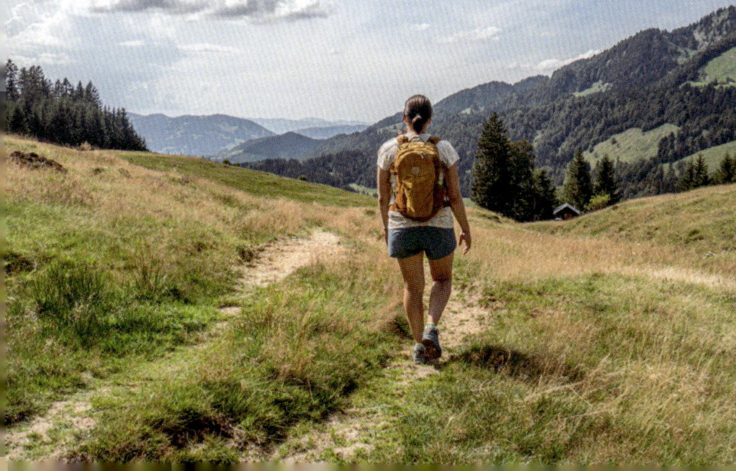

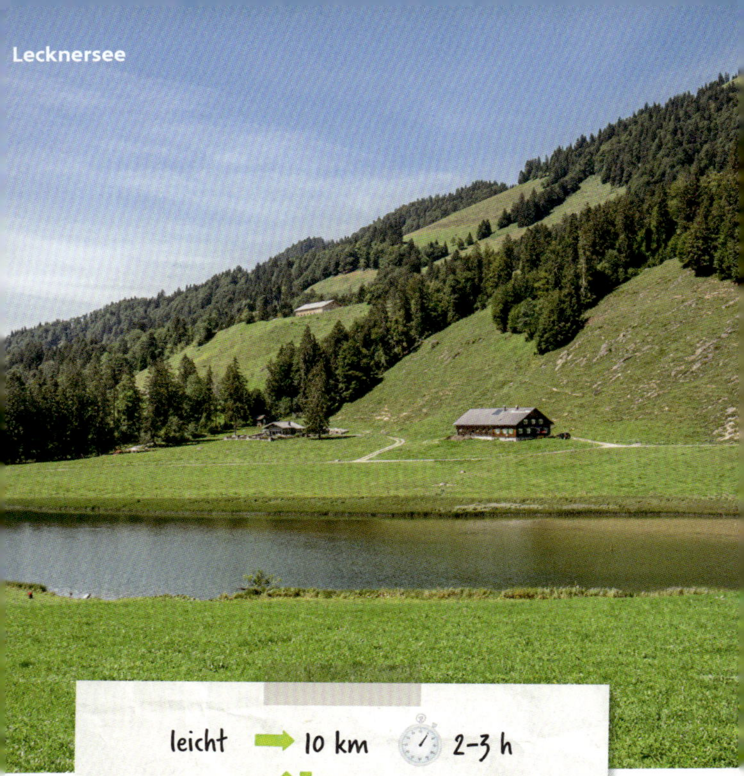

leicht 10 km 2–3 h
290 hm
Wanderparkplatz am Rande der Leckner Ach bei Hittisau

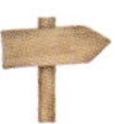

Wegverlauf:

Wir starten unsere Wanderung bei einem Wanderparkplatz am Rande der Leckner Ach bei Hittisau. Von dort laufen wir zunächst ein kleines Stück auf der Straße weiter in Richtung Lecknersee ❹. Kurz darauf wird aus der Straße ein Kiesweg, dem wir weiter folgen. Wir passieren den wunderschön gelegenen Lecknersee mit Ausblick auf die dahinter liegende Rückseite der Nagelfluhkette.
Kurz darauf erreichen wir die erste Einkehrmöglichkeit der Tour: den Alpengasthof Höfle ❺. Hier lohnt sich eine Einkehr auf der wunderschön angelegten Terrasse mit traumhafter

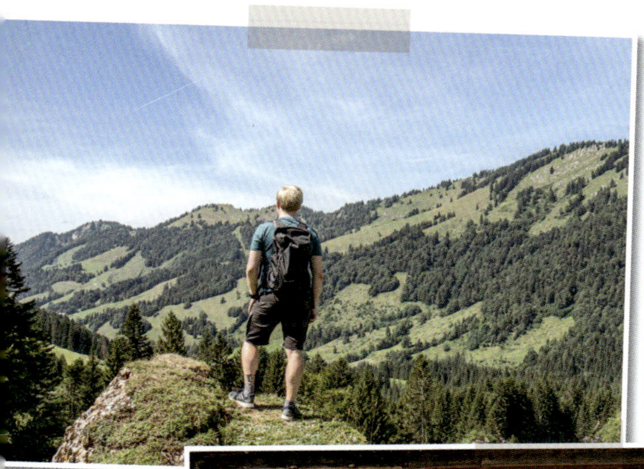

Fotospot

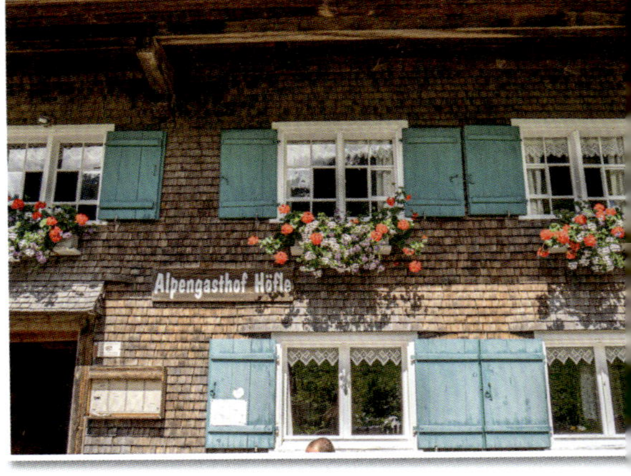

Alpengasthof Höfle

Aussicht. Weiter geht es den Fahrweg mit leichter Steigung entlang, bis wir auf der rechten Seite die Jausenstation Neuschwand ① entdecken. Hier bietet sich eine weitere Einkehrmöglichkeit. Danach tauchen wir in ein kleines Waldstück ein und überqueren kurze Zeit später die Grenze zwischen Österreich und Deutschland, die durch einen Grenzstein gekennzeichnet ist.

Nun beginnt ein etwas steilerer Anstieg, der aber mit herrlichen Aussichten belohnt wird. In einem großen Bogen wandern wir diesen bergauf. Rechts von uns haben wir auf einer kleinen Anhöhe eine hervorragende Gelegenheit für ein Foto mit herrlichem Bergpanorama ②.

Ein kleines Stück geht es noch bergauf, bis wir unbemerkt wieder auf der österreichischen Seite landen.
Nun wandern wir gemütlich auf fast ebener Strecke über einen Wiesenweg, der uns zurück zu einem Fahrweg führt. Nach etwa 5 Kilometern beginnt der Abstieg zurück ins Tal.
Auf diesem Stück genießen wir vor allem die fantastische Aussicht auf die erhabene Nagelfluhkette 3, die sich rechts von uns erhebt. Nach dem Abstieg erreichen wir wieder den Fahrweg, an dem wir links abbiegen und zum Parkplatz zurückwandern.

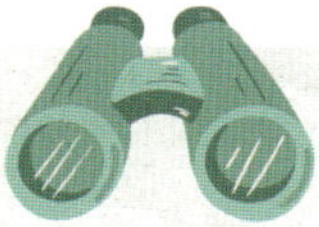

Tipps

- Käseautomat am Wegesrand am Beginn und Ende der Wanderung
- Einkehr im **Alpengasthof Höfle** auch auf dem Rückweg mit einem kleinen Abstecher noch möglich.
- Herrlich stille Runde
- **Jausenstation Neuschwand:** Neuschwand 177, 6952 Hittisau, Österreich

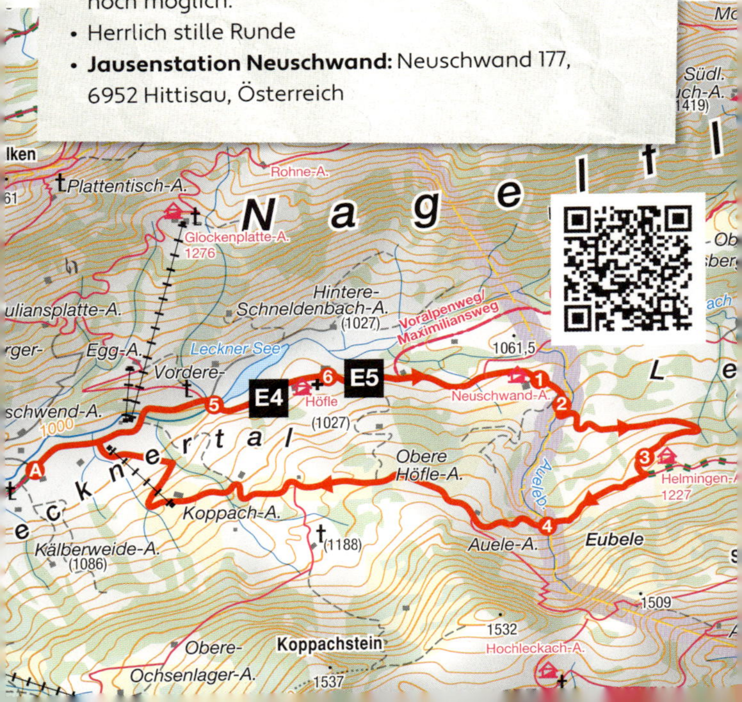

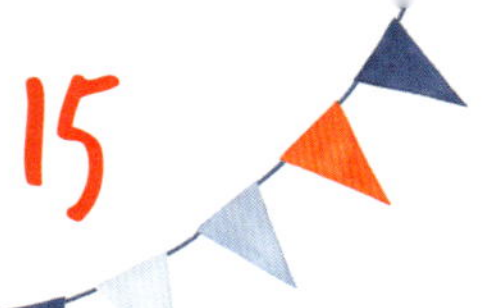

Von der Gunzesrieder Säge zum Rangiswanger Horn

Wandern am Wasser und in luftiger Höhe

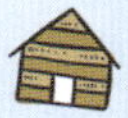

Sennalpe Gerstenbrändle
Kontakt: Autalweg 5,
87544 Gunzesried
https://www.gerstenbrändle.de/

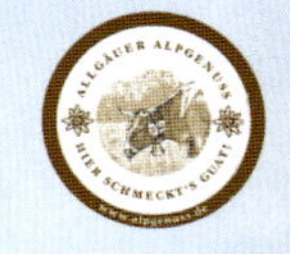

abwechslungsreich

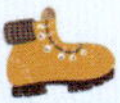

leicht begehbare Wanderwege, manchmal etwas steil und hin und wieder Wurzelwege

Ostertal-Tobel

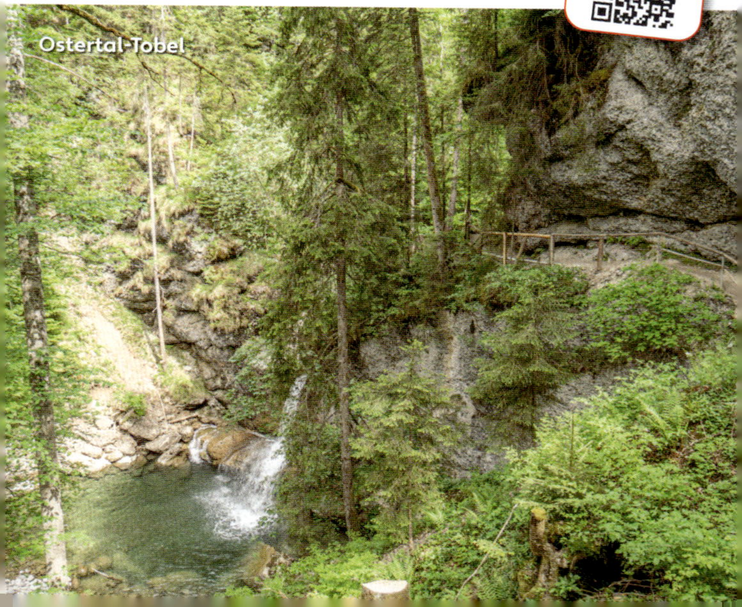

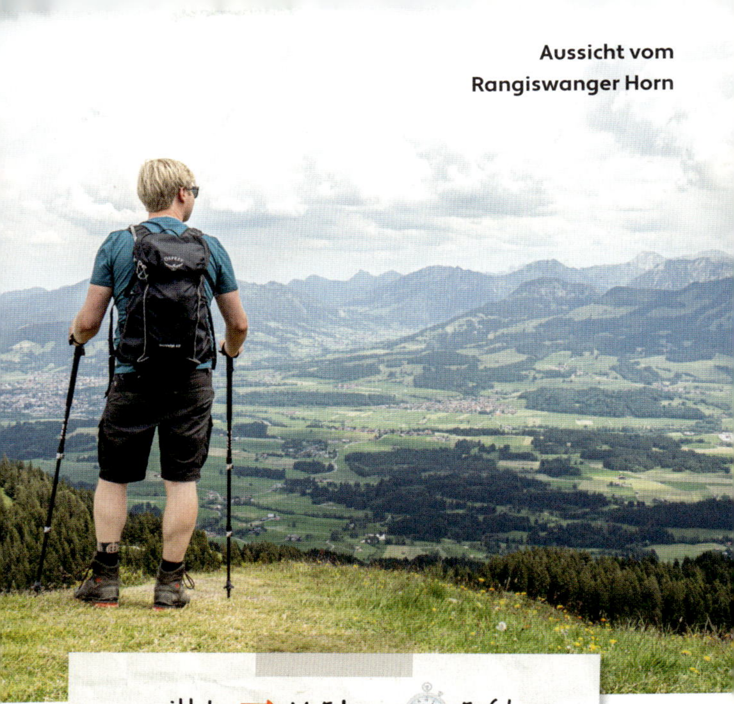

Aussicht vom Rangiswanger Horn

mittel → 14,5 km 5–6 h
670 hm

Wanderparkplatz an der Gunzesrieder Säge

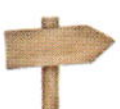

Wegverlauf:

Unsere Wanderung startet am Parkplatz bei der Gunzesrieder Säge. Nach einem kurzen Fußweg über den Birkachweg zweigt links ein Wanderpfad ab, der uns direkt in den Ostertal-Tobel ❸ führt. Durch den Tobel geht es über schmale Wanderwege, über Brücken und immer am Wasser entlang. Durch die vielen Wasserläufe und Wasserfälle ist dies ein besonders schöner Teil der Wanderung.
Am Ende des Tobels angekommen, biegen wir links ab, folgen kurze Zeit der Straße und zweigen dann wieder rechts auf einen Fahrweg ab. Diesem folgen wir an diversen urigen Bauernhöfen vorbei durch das Ostertal und genießen dabei die wunderschöne Aussicht, bis wir zu einer Weggabelung gelangen.

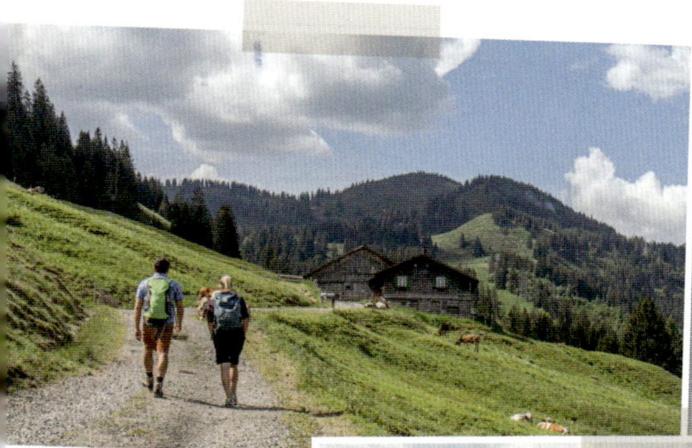

Vorbei an uriger Bauernhöfen

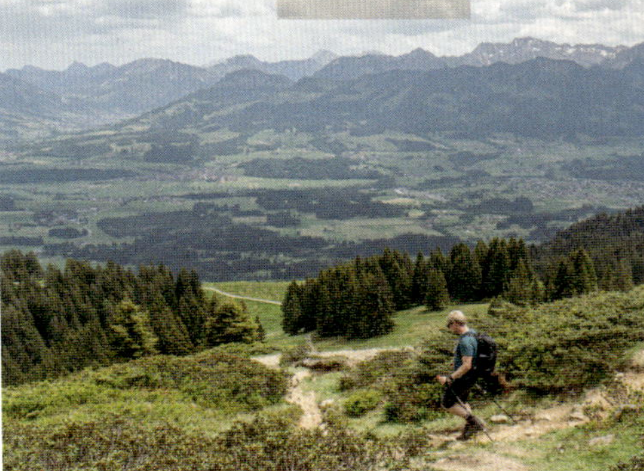

Abstieg durch Alpenrosen

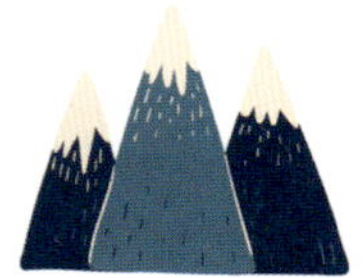

An der Weggabelung biegen wir links ab und wandern zunächst auf einem Wiesenweg und kurz darauf über einen Waldweg weiter bergauf. Nun geht es recht steil und über einen schmalen Wanderpfad den Berg hinauf. Auf einer kleinen Hochebene halten wir kurz an, um die Aussicht zu genießen, bevor wir die letzten Höhenmeter bis zum Gipfel des Rangiswanger Horn ❶ zurücklegen. Nach einer kurzen Pause am Gipfel geht es auf der anderen Seite wieder bergab. Ein recht steiler Pfad führt uns durch hunderte Alpenrosen-Büsche den Berg hinunter, bis wir unten auf einem Panoramaweg ankommen ❷. Diesem folgen wir und wandern links am Sigiswanger Horn vorbei. Hier lässt sich auch wunderbar ein Abstecher auf einen zweiten Gipfel machen.

Wer Lust hat, kann am Ende des Panoramaweges auch noch einen dritten Gipfel erklimmen und aufs Ofterschwanger Horn steigen.

Der Rückweg verläuft links am Ofterschwanger Horn vorbei, zunächst über

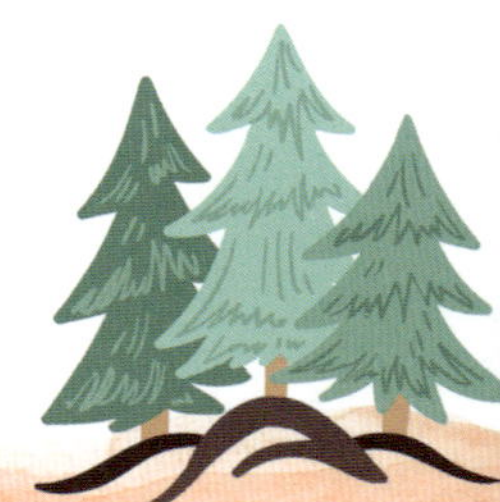

einen gekiesten Fahrweg und anschließend durch einen Wald ins Ostertal. Weiter geht es für ein kurzes Stück an der Straße entlang über einen Seitenzweig des Tobelwegs zurück in den Ostertal-Tobel, sowie anschließend zurück zum Ausgangspunkt.

Tipps

- tolle Wanderung für Naturverbundene
- sehr abwechslungsreiche Tour mit wunderschöner Aussicht

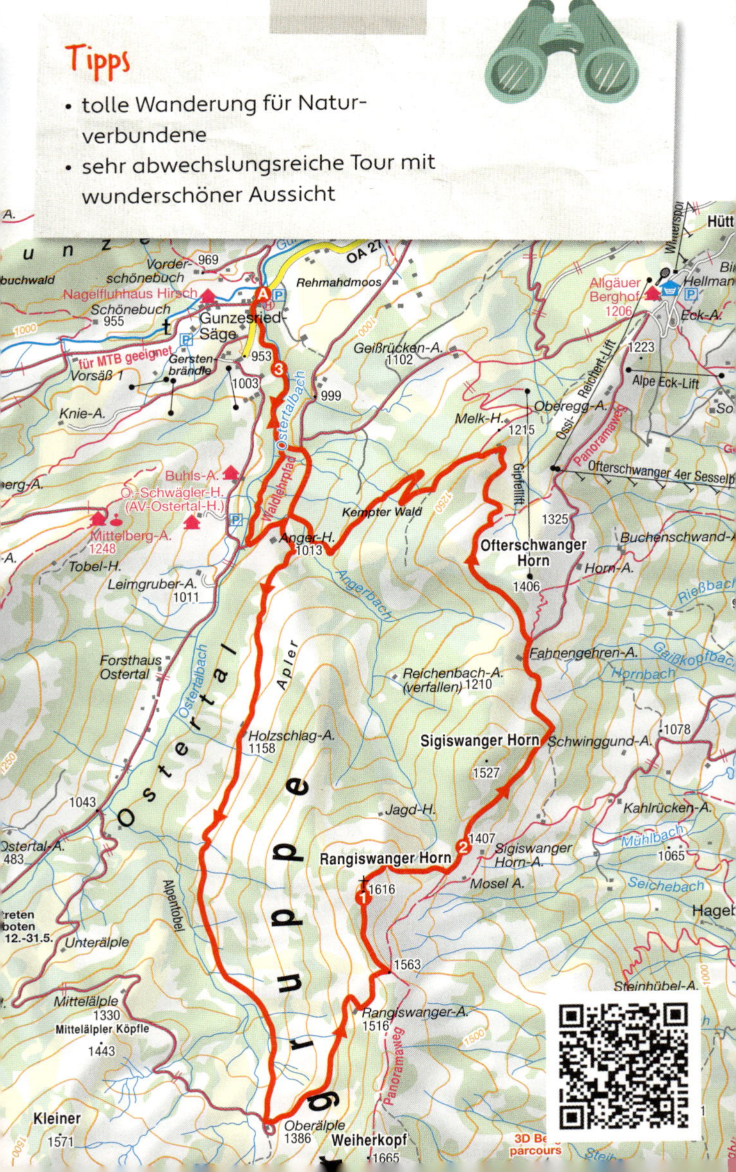

Wichtige Nummern, Signale und Tipps

NOTRUFNUMMER IN DEN ALLGÄUER ALPEN:

112 Notrufnummer

NOTRUF UND SMARTPHONE:

Wenn das Handy keinen Empfang hat: Handy ausschalten, dann wieder einschalten und statt des Pin-Codes die Ziffern **112** eingeben.

GPS: Die GPS-Koordinaten sind deutlich genauer als eine langwierige Ortung über den Mobilfunksender.

Hier können Apps wie „Standort" (Android), „einfach hier" (iOS) oder der integrierte Kompass (iOS) helfen, die die Koordinaten anzeigen, die Sie als Ersthelfer an die Leitstelle durchgeben.

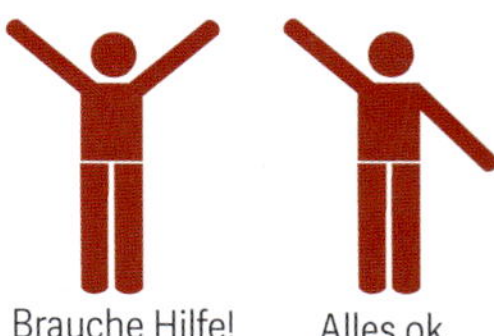

SIGNALE – LICHTSIGNALE

Das alpine Notsignal – ideal bei Dunkelheit

6 x Taschenlampe ein und aus innerhalb einer Minute, d.h. Anmachen bis 10 zählen, ausmachen und wieder bis 10 zählen, wieder anmachen usw. Dann machen Sie 1 Minute Pause. Anschließend geben Sie wieder 6 Signale in einer Minute ab. Die Antwort erfolgt, wenn Sie 3 x in der Minute das Lichtsignal sehen. Wenn Sie selbst ein Notsignal wahrnehmen, bestätigen Sie dieses und rufen Sie sofort die 112 an.

Signal und Antwort

	1. Minute	2. Minute	3. Minute	4. Minute	usw.
Notsignal	• • • • • •	Pause	• • • • • •	Pause	usw.
Antwort/ Bestätigung	• • •	Pause	• • •	Pause	usw.

„Schutzgebiete" achten

Wenn Ihr das Schild „Schutzgebiet" seht, bleibt bitte auf den Wegen, haltet eure Hunde an der Leine und keine Pflanzen pflücken! Die Alpen faszinieren. Als Natur- und Kulturlandschaften stehen sie für einen einzigartigen Lebens- und Erholungsraum. Im Naturschutzgebiet sollen Tiere UND Pflanzen geschützt werden.

NÜTZLICHE WANDERNUMMERN

Alpenvereinswetterbericht	**Tel. 089/295070**
Wetterprognose in der App	**www.meteobluecom**

Entlang der großen Wege im Allgäu

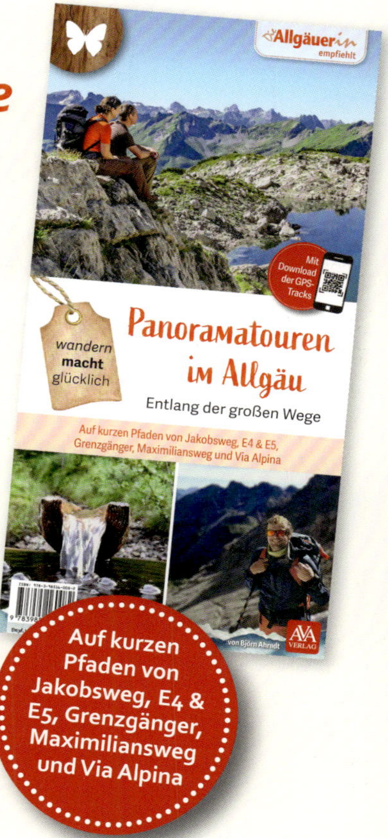

Das Allgäu und das angrenzende Tannheimer Tal zählen zu den schönsten Naturlandschaften im Alpenraum. Kein Wunder, dass durch diese Naturlandschaften auch zahlreiche Fern- und Etappenwanderwege führen. Diese »Großen Wege« waren die Inspiration zu diesem Wanderführer. Der Alpin-Blogger Björn Ahrndt stellt verschiedene Weitwanderwege, die das Allgäu durchqueren, vor, und beschreibt 30 Touren auf kleinen und größeren Tagestouren, die dem Weitwanderer meist verborgen bleiben.

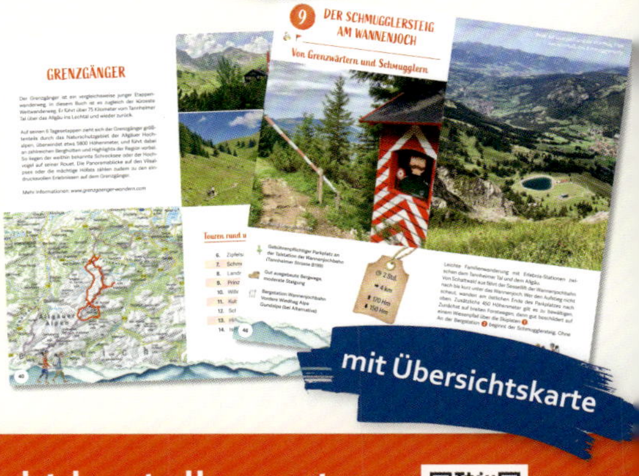

Allgäuerin empfiehlt

Mit Download der GPS-Tracks

wandern macht glücklich

Panoramatouren im Allgäu

Entlang der großen Wege

Auf kurzen Pfaden von Jakobsweg, E4 & E5, Grenzgänger, Maximiliansweg und Via Alpina

von Björn Ahrndt

Auf kurzen Pfaden von Jakobsweg, E4 & E5, Grenzgänger, Maximiliansweg und Via Alpina

146 Seiten,
10,5 x 21 cm,
farbig bebildert,
Best-Nr. 0147,
Preis: 12,50 Euro*

** Preise inkl. MwSt. und zzgl. Versandkosten.*

GRENZGÄNGER

9 DER SCHMUGGLERSTEIG AM WANNENJOCH

Von Grenzwärtern und Schmugglern

mit Übersichtskarte

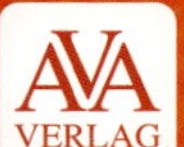

Direkt bestellen unter Tel. (08 31) 5 71 42 -13

E-Mail: vertrieb@ava-verlag.de

Shop unter www.ava-verlag.de

AVA-Agrar Verlag Allgäu GmbH • Kempten

16

Walderlebnispfad mit Scheidegger Wasserfällen

Spaß für Groß und Klein – Achtung, es könnte feucht werden!

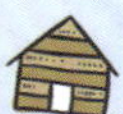

Einkehr an der Radlerquelle neben dem Walderlebnispfad. Der Wirt ist ein besonderes Highlight

sehr kinderfreundlich, nicht kinderwagengeeignet

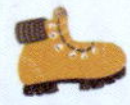

leicht begehbare Wanderwege, bei und nach Regen sehr rutschig

Link zum Wandervideo:

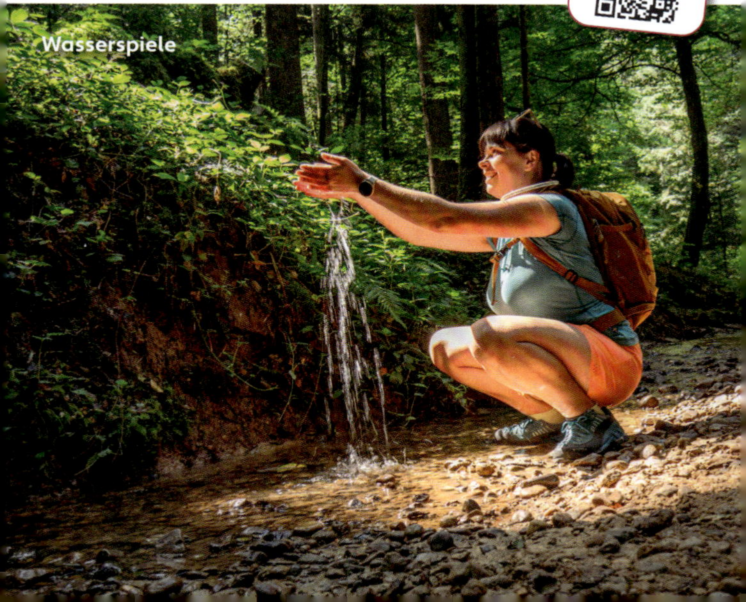

Wasserspiele

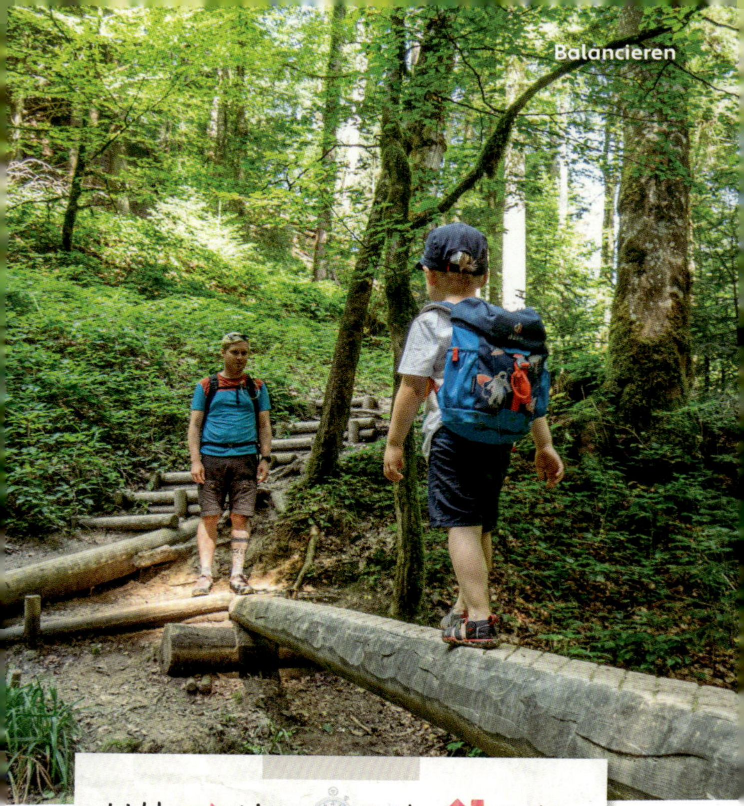

leicht ➡ 4 km ⏱ 2,5 h ⇅ 120 hm

Parkplatz Schönsteinhof

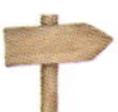

Wegverlauf:

Diese Rundwanderung startet an der Radlerquelle (A). Wir folgen zunächst der Straße noch ein kleines Stück am Waldrand entlang, bevor rechts ein Wanderweg abzweigt, der auch mit einer Infotafel und einer Übersichtskarte markiert ist. Wir folgen dem Weg und erreichen schon bald die erste Hütte, in der wir mehr über die verschiedenen regionalen Baum- und Holzarten lernen können ❶. Dabei können wir auch das sogenannte „Waldtelefon" ❷ testen.

Aus dem breiten Wanderweg wird kurz darauf ein schmaler Pfad, der in eine Steintreppe übergeht, die

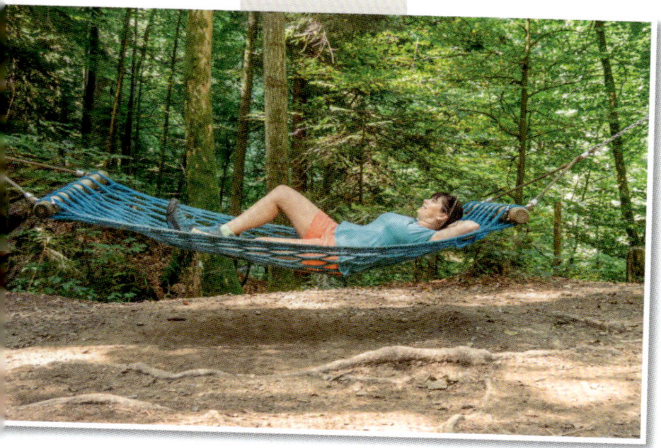

Hänge-
matte

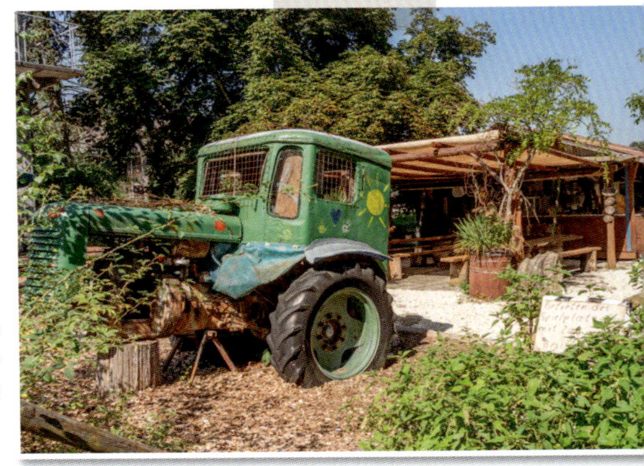

Einkehr an der Radlerquelle

uns hinunter ins Tal bringt. Wir überqueren mehrmals den Bachverlauf des Laimlesbaches, bis wir zu einigen, in den Bäumen befestigten, Hängematten kommen.
Hier können wir uns nun rechts halten und dem Walderlebnispfad weiter folgen, oder einen kleinen Abstecher auf den Inspirationsweg 3 machen. Dies ist nur an trockenen Tagen zu empfehlen, da der Weg sonst zu rutschig ist. Wir folgen dem schmalen Wanderpfad noch weiter ins Tal und erreichen kurz darauf die Scheidegger Wasserfälle. Hier lohnt es sich, ein wenig die Umgebung zu erkunden.
Wir können hinter den Wasserfällen durchlaufen und uns mit einem Seil über den Bachlauf schwingen. Wir folgen dem Inspirationsweg, auf dem uns noch einige Abenteuer und Stationen erreichen,

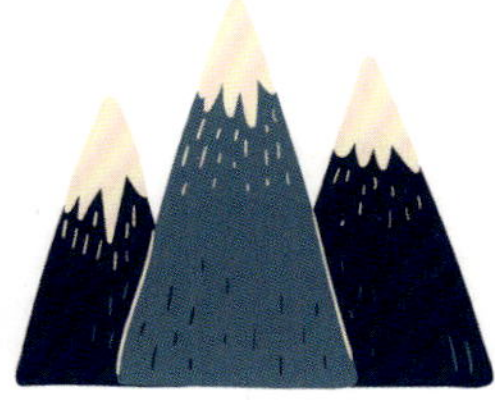

bis wir wieder oben am Walderlebnispfad ankommen.
Weiter geht es dem breiten Wanderweg folgend durch den Wald, vorbei an vielen spannenden Spielstationen für Jung und Alt. Hinter jeder Ecke gibt es etwas zu entdecken!
Nach insgesamt etwas mehr als 3,5 Kilometern kommen wir zu einer großen Hängebrücke **5**, die wir überqueren. Danach führt der Weg uns langsam wieder bergauf.
An einer Kreuzung am Wegesrand wartet noch eine Überraschung **6** auf uns. Im weiteren Wegverlauf kommen wir noch an einem weiteren Wasserfall **7** und am sogenannten Quelltuff **8** vorbei. Für die kleinen Wanderer wartet am Ende des Weges noch ein ganz besonderes Klettererlebnis **9**.

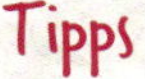

- Die Tour erfordert viel Zeit, damit Kinder Zeit haben, sich an den Spielgeräten und den vielen informativen Stationen im Wald auszutoben und alles erkunden zu können
- Walderlebnispfad: *www.walderlebnispfad.at*
- Begehung mit Kinderwagen nicht möglich

17

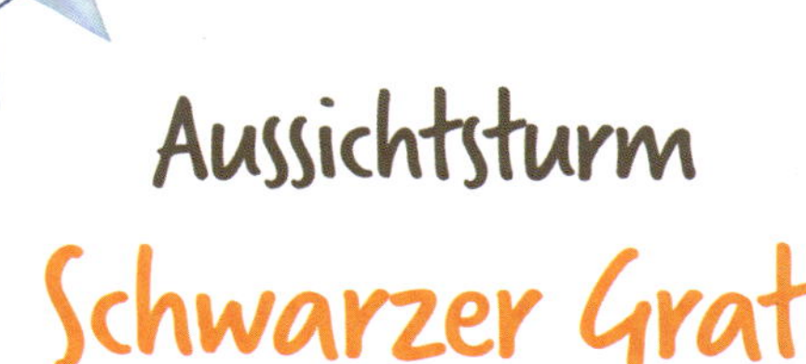

Aussichtsturm Schwarzer Grat

Familienfreundliche Rundwanderung mit herrlicher Aussicht

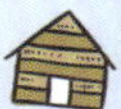

Alpe Wenger-Egg
Kontakt: 87480 Weitnau – Wengen
https://www.alpgenuss.de/alpen/detail/alpe-wenger-egg

kinderfreundlich

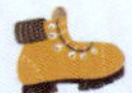

leicht begehbare Wanderwege und Fahrwege, das letzte Stück ist ein Wurzelweg

Link zum Wandervideo:

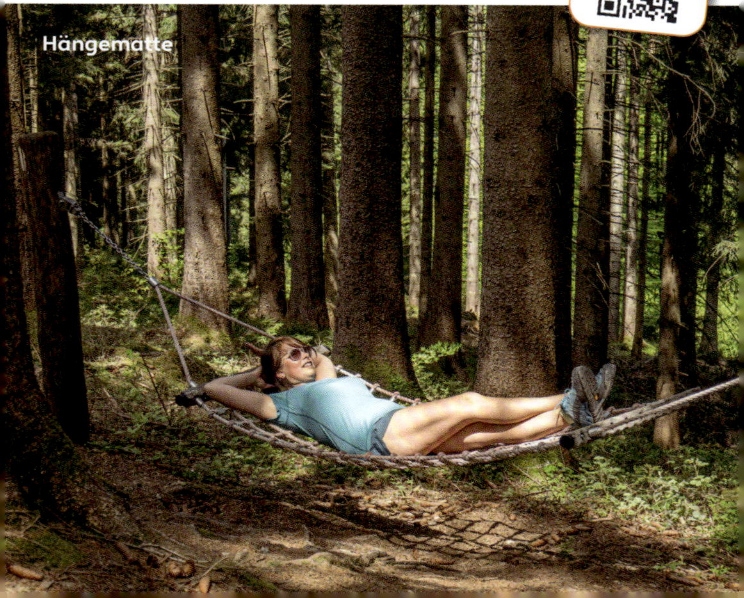

Hängematte

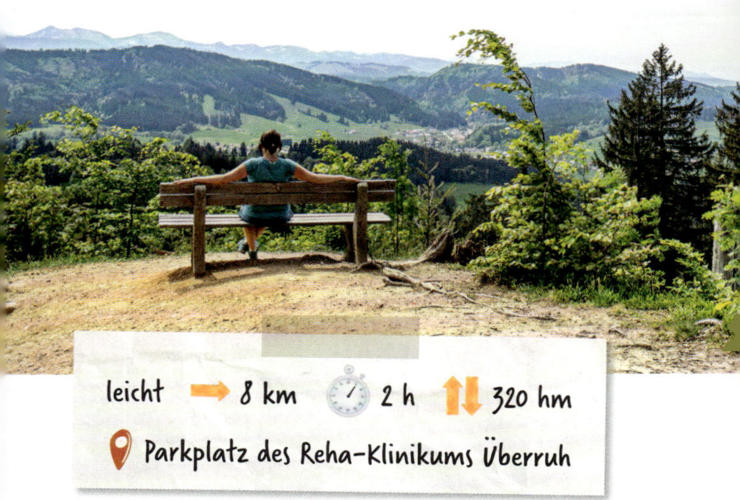

leicht → 8 km ⏱ 2 h ⇅ 320 hm

Parkplatz des Reha-Klinikums Überruh

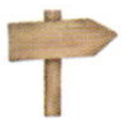

Wegverlauf:

Wir starten unsere Wanderung auf dem Gelände des Reha-Klinikums Überruh, wo wir auf dem Parkplatz 7 unser Auto abstellen. Von dort wandern wir auf das Klinik-Gelände zu und laufen links an der kleinen Kirche 6 vorbei. Wir halten uns rechts und verlassen das Klinik-Gelände, um auf dem angrenzenden Fahrweg unseren Aufstieg zu beginnen. Dieser verläuft über weite Strecken auf einem Kies-Fahrweg durch den Wald. Im Schutz der schattigen Bäume geht es auf einer Strecke von 3 Kilometern und 200 Höhenmetern gemütlich den Berg hinauf. Das letzte Stück des Weges verläuft direkt durch den Wald und führt uns über einen herrlichen Wurzelweg 1 zum Aussichtsturm Schwarzer Grat 2.
Hier lohnt es sich, die Treppen des Turms hinaufzusteigen und die wunderschöne Aussicht auf den Bodensee, die

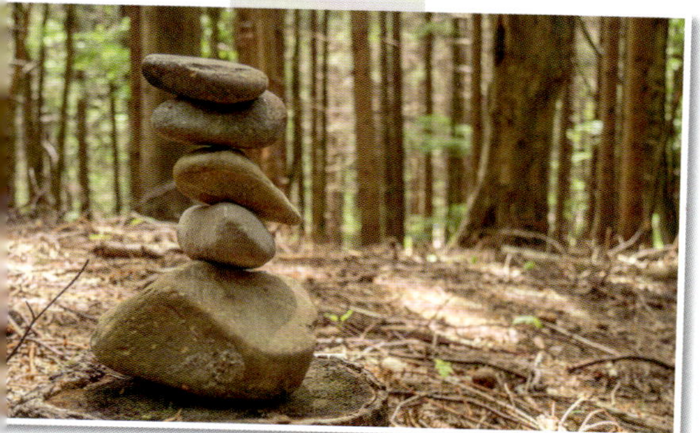

Stein-
männchen

Aussichtsturm
Schwarzer Grat

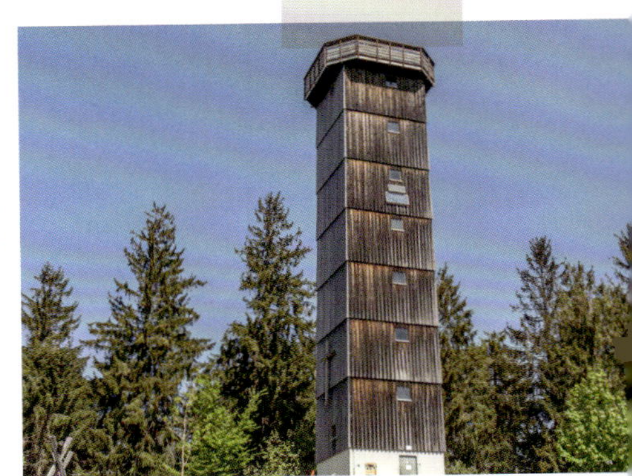

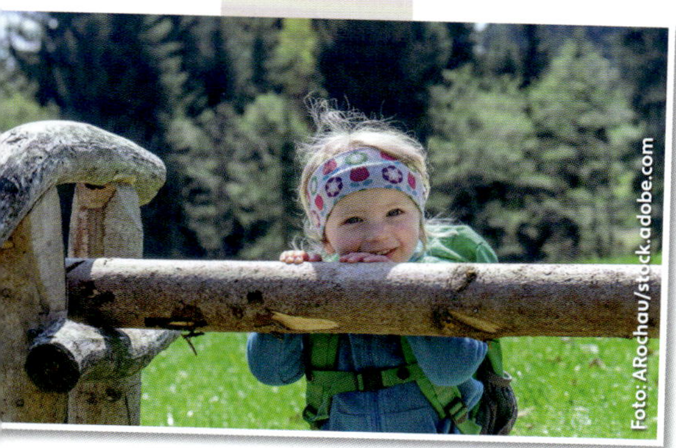

Spaß für Groß
und Klein

Nagelfluh- und die Alpenkette zu genießen. Für Kinder steht ein großer Spielplatz bereit und Tische und Bänke laden zu einer gemütlichen Rast ein.
An Sonn- und Feiertagen werden Getränke und kleine Snacks im Kiosk des Turmes verkauft. Für den Rückweg laufen wir links vom Aussichtsturm einen schmalen Pfad

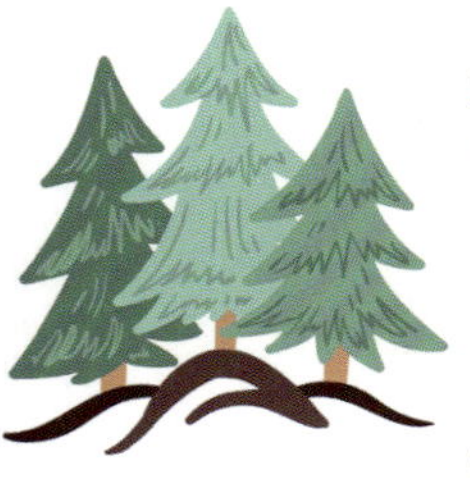

bergab, bis wir wieder auf einen Fahrweg kommen, dem wir Richtung Westen folgen.

Dabei kommen wir an einer gemütlichen Hängematte vorbei 3, in der wir gemütlich entspannen und dabei dem Treiben der Vögel in den Baumwipfeln zuschauen können. Ein Stückchen weiter wartet ein kleines Balance-Abenteuer 4 auf uns. Ein spannendes Erlebnis für die ganze Familie. Nach einem großen Bogen erreichen wir einen tollen Aussichtspunkt mit einer Bank, zum kurzen Verweilen und Genießen 5, bevor wir wieder rechts vom Fahrweg in einen Waldweg einbiegen, der uns zurück zu unserem Ausgangspunkt an der Klinik Überruh führt.

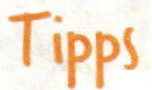

Tipps

- toller Spielplatz am Aussichtspunkt
- gemütliche Hängematten am Wegesrand
- Parkplatz Klinik Überruh: Überruh 1, 88316 Isny im Allgäu
- Informationen zum Schwarzen Grat: *https://www.isny.de/urlaub-aktiv/wandern-natur/berge/schwarzer-grat.html*

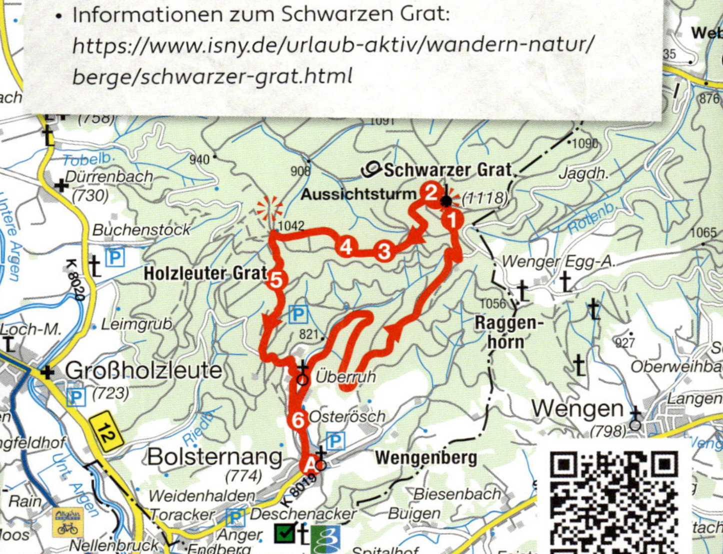

18

Wanderung auf den Spieser- und Ornach-Gipfel

Zwei Gipfel in einer Tour

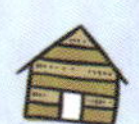

Hirschalpe
Kontakt: 87541 Bad Hindelang
www.hirschalpe.de

wunderschöne Aussicht

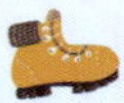

teils recht steil und oben stark ausgetretene Wege

Link zum Wandervideo:

Spieser Gipfel

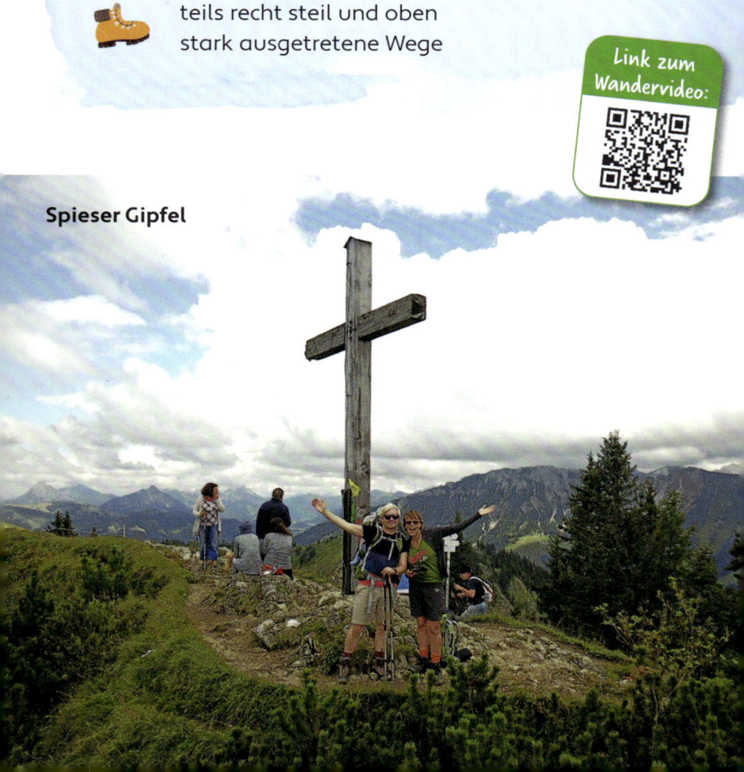

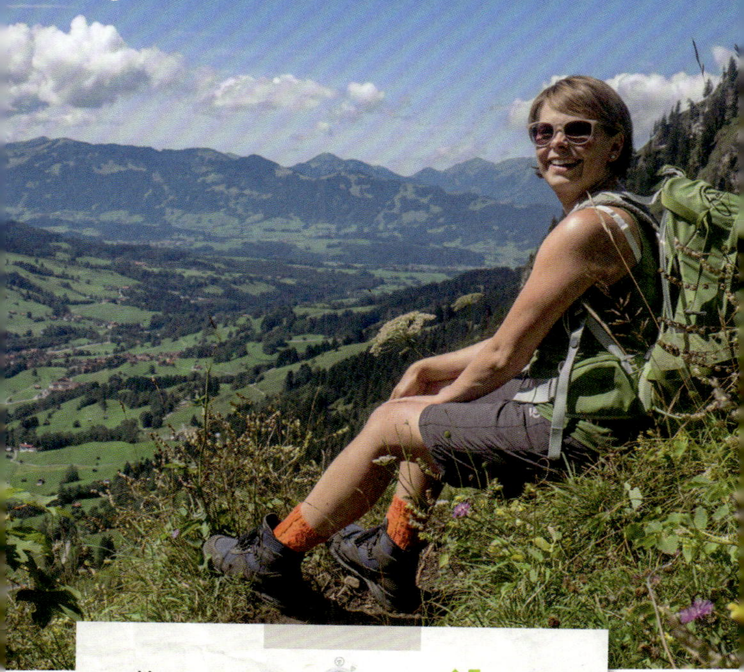

mittel → 9 km 3,5 h 600 hm

Parkplatz in Oberjoch

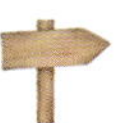

Wegverlauf:

Wir beginnen unsere Wanderung am Parkplatz ❶ in Oberjoch. Von dort aus wandern wir an der Hauptstraße (Passstraße) in westliche Richtung und biegen kurz darauf rechts auf einen Wanderweg ab, der uns zunächst am Kinderhotel Oberjoch vorbeiführt. Wir wandern um das Hotel herum und gelangen so auf einen Panorama-Wanderweg ❷. Das Bergpanorama, das sich uns von hier bietet, ist wirklich wunderschön und kurz darauf haben wir von einem tollen Aussichtspunkt einen grandiosen Blick auf den Ifen ❸. Wir folgen dem Wanderweg weiter durch den Wald, am Berghang entlang und erreichen nach etwa 2,5 Kilometern einen Fahrweg, auf dem wir weiter wandern. An der

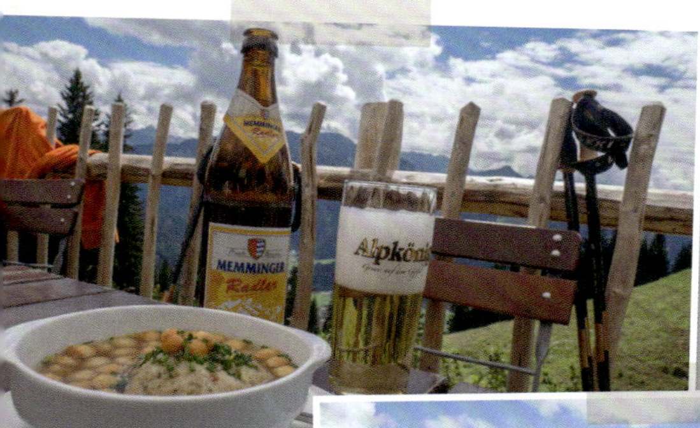

Einkehr in der Hirschalpe

Auf zum zweiten Gipfel

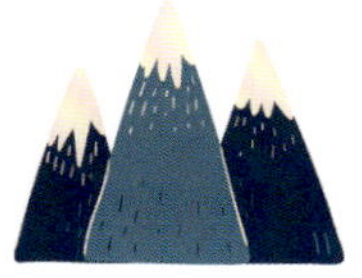

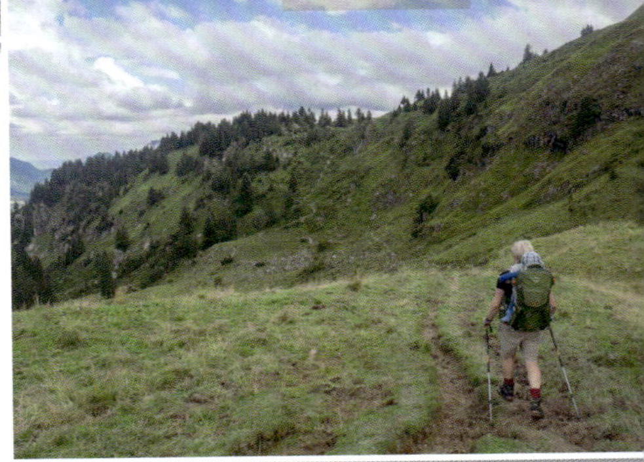

darauffolgenden Kreuzung laufen wir geradeaus weiter und kommen nach einer Weile wieder auf einen Wanderweg, der uns zur Hirschalpe 4 hinaufführt. An der Hirschalpe lohnt sich eine Einkehr, da es ab hier keine weitere Einkehrmöglichkeit mehr gibt.
Nach der Einkehr wandern wir hinter der Alpe rechts den Hang hinauf, bis wir an eine Weggabelung 5 kommen.

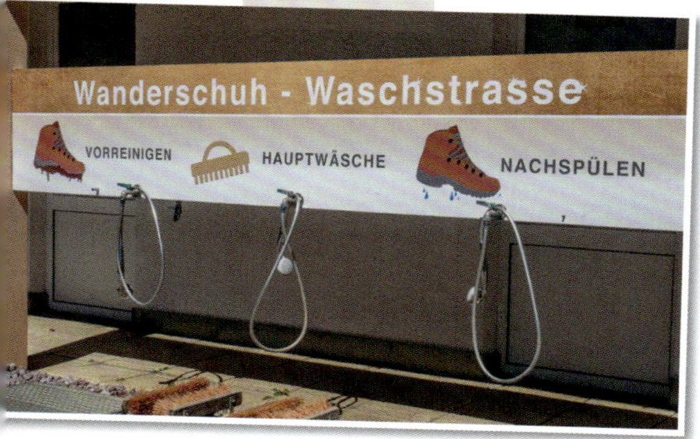

Wanderschuh-Waschstraße

An dieser zweigen wir zunächst links ab und wandern über, zum Teil sehr ausgetretene, Kuhweiden unterhalb des Großen Hirschbergs entlang. Dabei haben wir eine wunderbare Aussicht auf den Hischberg **6** und auf die umliegenden Berge. Kurze Zeit später erreichen wir unseren ersten Gipfel: den Spieser **7**.
Danach laufen wir auf gleichem Weg zurück (wer mag, kann hier auch noch einen Abstecher auf den Großen Hirschberg machen), bis wir wieder an der Weggabelung **5** ankommen. Hier geht es nun geradeaus weiter und wir folgen dem Wanderweg, bis rechts ein weiterer Weg Richtung Ornach-Gipfel abzweigt. Hier biegen wir ab und nach einem kurzen, aber recht steilen Anstieg erreichen wir den zweiten Gipfel der Tour: den Ornach-Gipfel **8**.
Zurück nach Oberjoch geht es über den Wanderweg, der später in einen Fahrweg übergeht und uns direkt zurück zum Wanderparkplatz führt.

Tipps

- Unterkunftstipp für Familien:
  Oberjoch – Familux Resort
  Kontakt: Am Prinzenwald 3,
  87541 Bad Hindelang-Oberjoch
  www.oberjochresort.de
- Am Familienhotel gibt es eine Wanderschuh-Waschstraße zum Reinigen der dreckigen Wanderschuhe

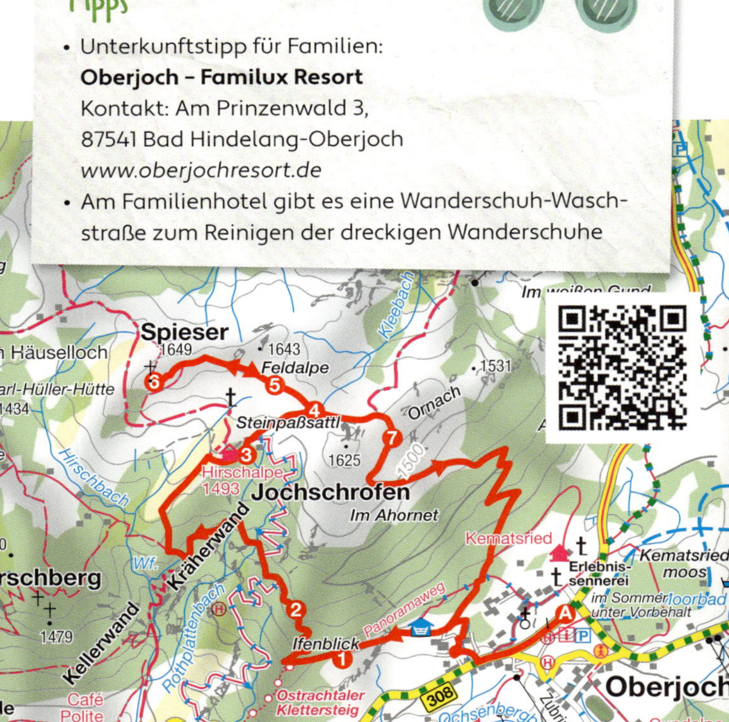

19

Rundwanderung
Thaler & Salmaser Höhe

Perfekte Tour für den Frühling und den Herbst

Pfarralpe Missen
Kontakt: Pfarralpe 1,
87547 Missen-Wilhams
www.pfarralpe.de

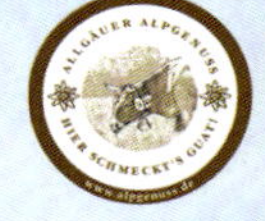

kinderfreundlich

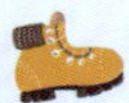

gut begehbare Wanderwege, Wiesen- und Wurzelwege

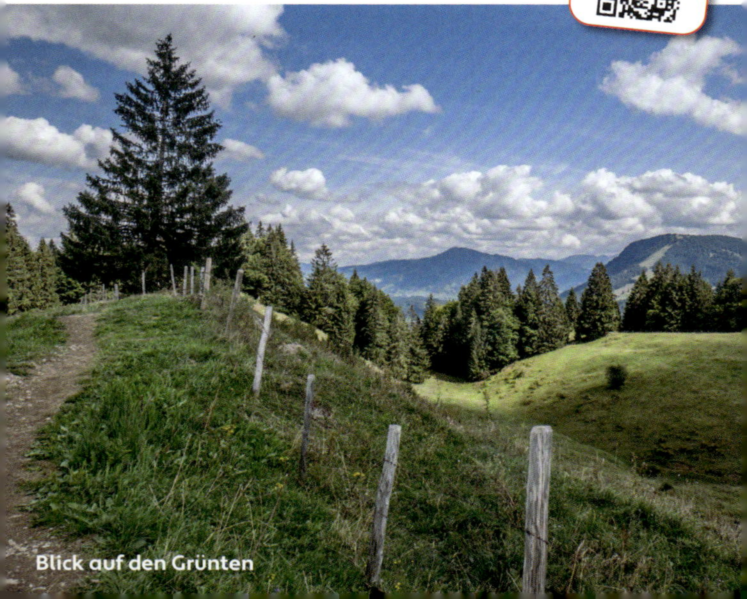

Blick auf den Grünten

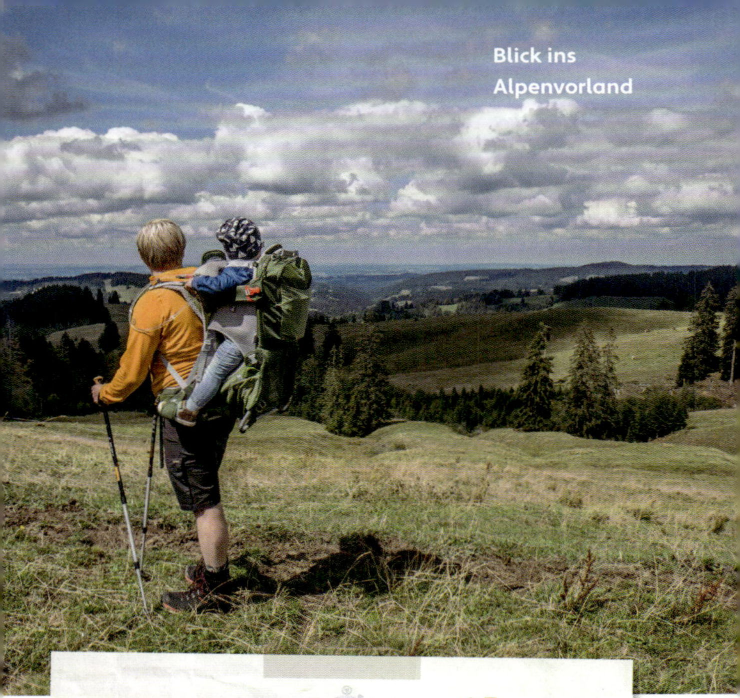

Blick ins Alpenvorland

mittel 12 km 2,5 h 480 hm

Parkplatz am Skilift bei Thal

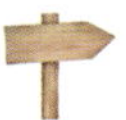

Wegverlauf:

Wir starten die Wanderung am Parkplatz am Skilift bei Thal und wandern zunächst in westlicher Richtung die Straße entlang, bis links ein Weg Richtung Baldaufalpe abzweigt. Hier biegen wir ab und folgen dem Weg, bis wir zur Baldaufalpe gelangen. Vor der Alpe biegen wir links ab, wandern an der Alpe vorbei und folgen direkt hinter der Alpe rechts den Wanderschildern den Berg hinauf. Dabei wandern wir auf grünen Kuhwiesen, auf denen schon im Frühling Kühe grasen.

Wir wandern geradeaus den Berg hinauf und gelangen so nach einiger Zeit wieder auf einen Fahrweg. Hier biegen wir links ab und folgen ein kurzes Stück der asphaltierten Straße und passieren dabei die Drehersalpe. Kurz darauf zweigt der Wanderweg durch die Kuhwiese auf der rechten Seite der

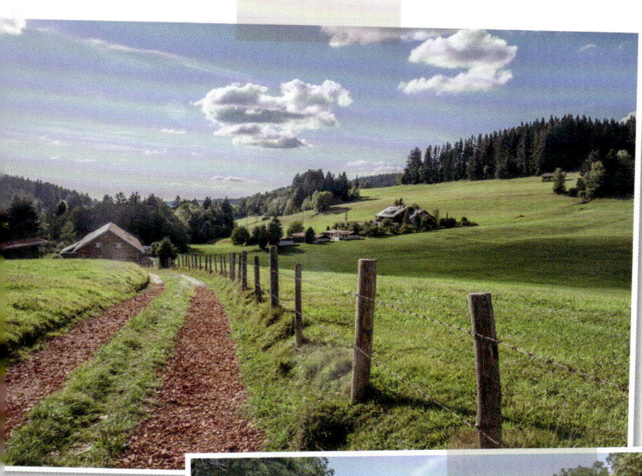

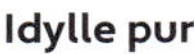

Idylle pur

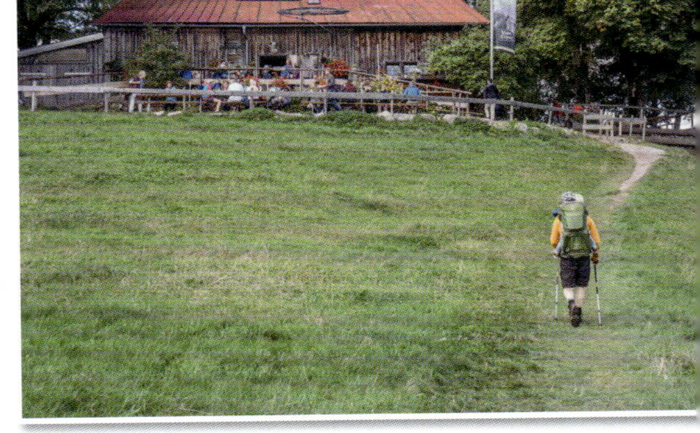

Die Pfarralpe in Missen

Straße ab. Weiter geht es nun bergauf über die Kuhwiese, wobei wir immer wieder einen tollen Ausblick auf das gesamte Voralpenland haben ❶. Noch etwa 800 Metern geht es den Berg hinauf, bevor wir einen Kamm erreichen. Oben angekommen, zweigen wir zunächst rechts ab und wandern über recht ebene Wurzelwege entspannt bis zur Salmaser Höhe ❷, wo wir eine herrliche Aussicht auf den Alpsee genießen können ❸. Danach geht es ein kurzes Stück auf dem gleichen Weg zurück. Wir wandern aber nicht wieder den Berg hinunter, sondern bleiben auf dem Kamm und folgen dem Wanderweg. Dieser verläuft nun zunächst recht eben, dann aber kontinuierlich leicht absteigend. Nach weiteren 2,5 Kilometern erreichen wir die

Thaler Höhe ❹ von wo aus wir einen herrlichen Ausblick auf die Nagelfluhkette genießen können.
Weiter geht es auf dem gleichen Wanderweg in Richtung Alpsee und Pfarralpe. Nach etwas mehr als 2 Kilometern zeigt die Beschilderung nach links zur Pfarralpe. Wir wandern aber zunächst noch ein paar 100 Meter weiter bis zum Alpseeblick ❺ und freuen uns über die wunderschöne Aussicht über den gesamten Alpsee und bis hinüber nach Immenstadt im Allgäu. Im Anschluss wandern wir wieder zurück und folgen dann den Schildern zur Pfarralpe ❻ wo sich eine Einkehr besonders lohnt.
Der Rückweg zum Wanderparkplatz startet direkt hinter der Pfarralpe und verläuft leicht absteigend über saftig grüne Wiesen, durch kleinere Waldstücke und durch das Tuffenmoos ❼, bis wir wieder am Parkplatz ankommen.

Tipps

- toller Spielplatz an der Pfarralpe, sorgt für eine entspannte Einkehr
- Abstecher nach Bühl am Alpsee zum anschließenden Eisessen am See

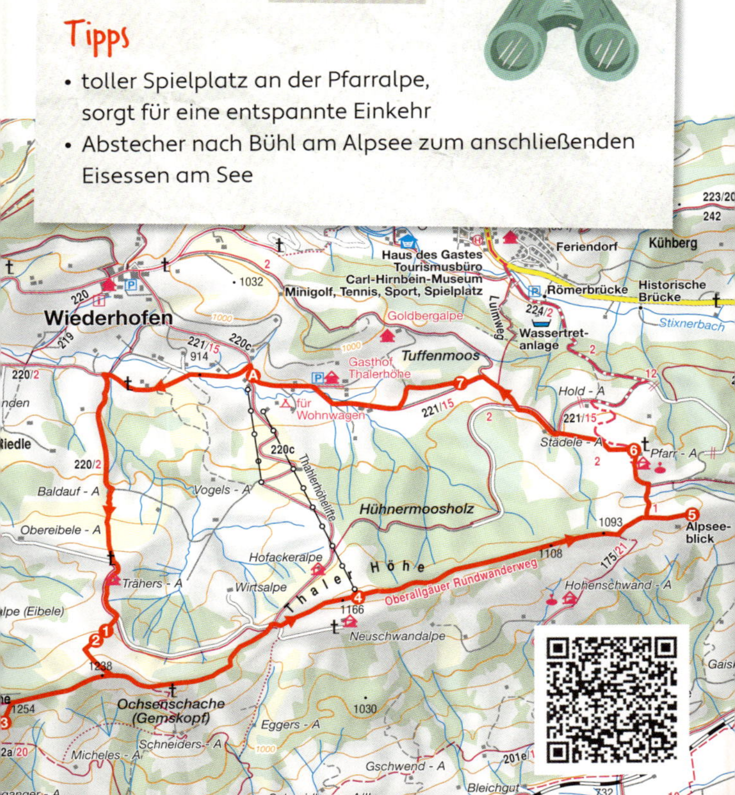

Genuss am Berg

Wandern bedeutet nicht nur Auszeit vom Alltag, sondern auch Genuss pur. Der 4-Jahreszeiten-Wanderführer begleitet Wanderfreunde und Genießer durch das ganze Jahr hindurch und begeistert mit herrlichen Aussichten und traumhaft gelegenen Alpen, die zur urigen Einkehr einladen.

106 Seiten, 10,5 x 21 cm,
farbig bebildert,
Bestell-Nr. 0146,
Preis: 13,90 €*

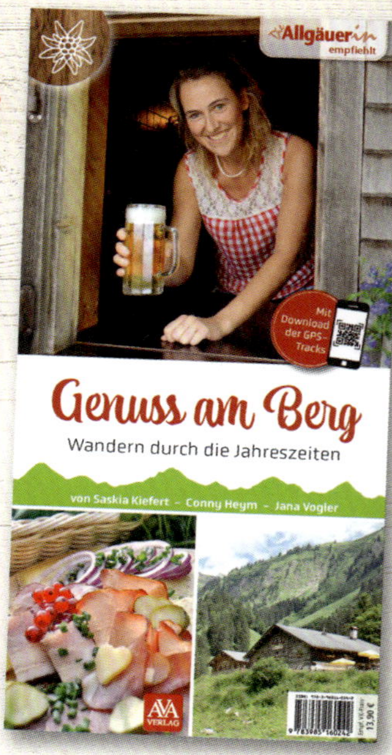

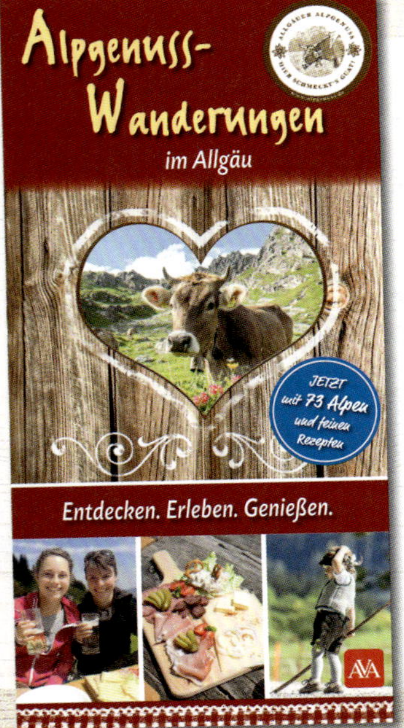

Alpgenuss-Wanderungen im Allgäu

Ausflugsziele für die ganze Familie – das sind die 73 »Allgäuer Alpgenuss«-Alpen, die ihre Gäste mit hausgemachten Kuchen und zünftigen Brotzeiten – hergestellt aus garantiert Allgäuer Produkten – verwöhnen.

10,5 x 21cm, 226 Seiten
durchgehend farbig bebildert
mit Übersichtskarte
Best.-Nr. 0129

Preis 9,90 Euro*

Direkt bestellen unter Tel. (08 31) 5 71 42 -1

E-Mail: vertrieb@ava-verlag.de

Radeln mit Bergblick

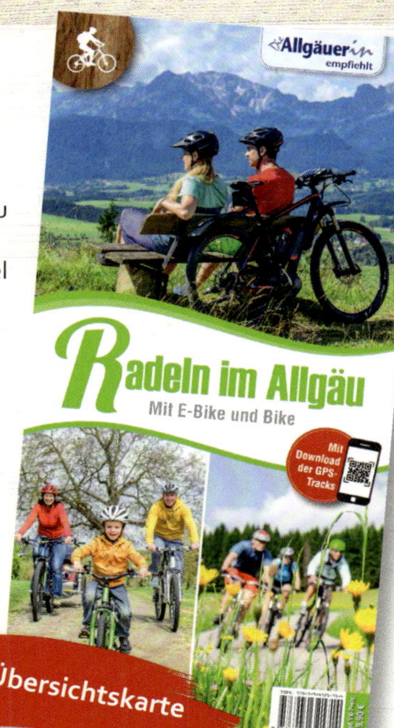

Mit dem Rad durch das Allgäu zu fahren hat seinen ganz eigenen Zauber: Berge, Hügel und weite Wiesen. Und am besten gelingt der Einstieg ins Radvergnügen ohne große Anstrengung mit einer Tour an einem Fluss. Egal ob mit dem E-Bike oder Familien-Tour: Für jeden Anspruch gibt es Entdecker-Radwanderungen.

106 Seiten, 10,5 x 21 cm, farbig bebildert,
Best.-Nr. 0124,
Preis: 9,90 Euro*

mit Übersichtskarte

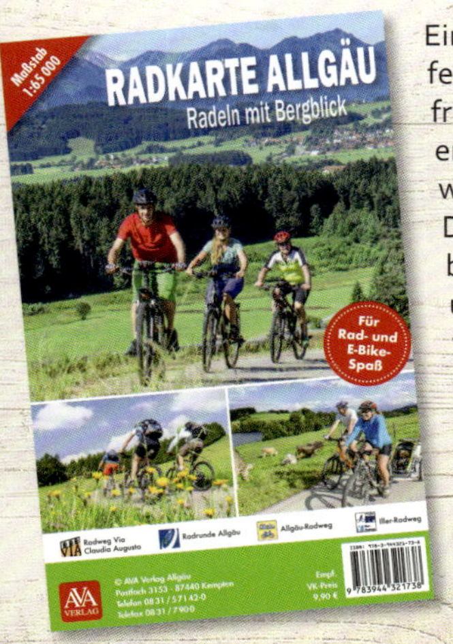

Ein Fahrradausflug eignet sich perfekt, um seine Freizeit aktiv an der frischen Luft zu erleben, neue Orte zu erkunden, und das vielfältige Allgäu weckt unsere Unternehmungslust. Die Radregion Allgäu bietet dank bestens ausgeschildertem Wege- und Streckennetz zahlreiche Radtouren für jedermann. Egal ob auf einer ausgedehnten Tour mit dem E-Bike oder bei einer Genuss-Tour.

Maßstab: 1:65 000
Best.-Nr. 0044,
Preis: 9,90 Euro*

se inkl. MwSt. und zzgl. Versandkosten.

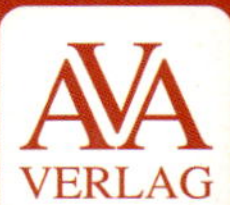

Impressum

Herausgeber & Verlag:
AVA-Agrar Verlag Allgäu GmbH
Porschestraße 2 • 87437 Kempten/Allgäu
Telefon: (08 31) 5 71 42-13 • Fax: (08 31) 5 71 42-22
vertrieb@ava-verlag.de • www.ava-verlag.de

Gesellschafter:
A. Kiechle, H. Kühnle, S. Kühnle-Weber,
A. Weixler, Landwirtschaftsverlag Münster

Geschäftsführer:
Dr. Harald Ströhlein

Redaktion & Layout:
Saskia Kiefert, Johanna Strodl, Ulrike Steiger

Touren, Fotos & Umsetzung:
Jana und Christian Heinzelmann

Titelbild: Großes Bild oben: ARochau/stock.adobe.com,
Bild links unten: Jana und Christian Heinzelmann
Bild rechts unten: unpict/stock.adobe.com

ISBN: 978-3-985160-23-5

Panoramakarte:
©Zumsteinkarte, AVA-Agrar Verlag Allgäu GmbH

Druck: Holzer Druck und Medien GmbH + Co. KG
Fridolin-Holzer-Str. 22+24 • 88171 Weiler im Allgäu
Telefon: (0 83 87) 3 99-0 • Fax: (0 83 87) 3 99-33
info@druckerei-holzer.de • www.druckerei-holzer.de

Bildverweise

Papierstruktur: paladin1212/stock.adobe.com; Aqua-Coloring: Alex/stock.adobe.com; Illustrationen Bäume, Berge, Wanderschuh, Herzen, Fernglas, Startpunkt: KozyPlace/stock.adobe.com; Wimpel, Wegweiser, Uhr, Pfeile: Julija/stock.adobe.com; Hütte: redchocolatte/stock.adobe.com

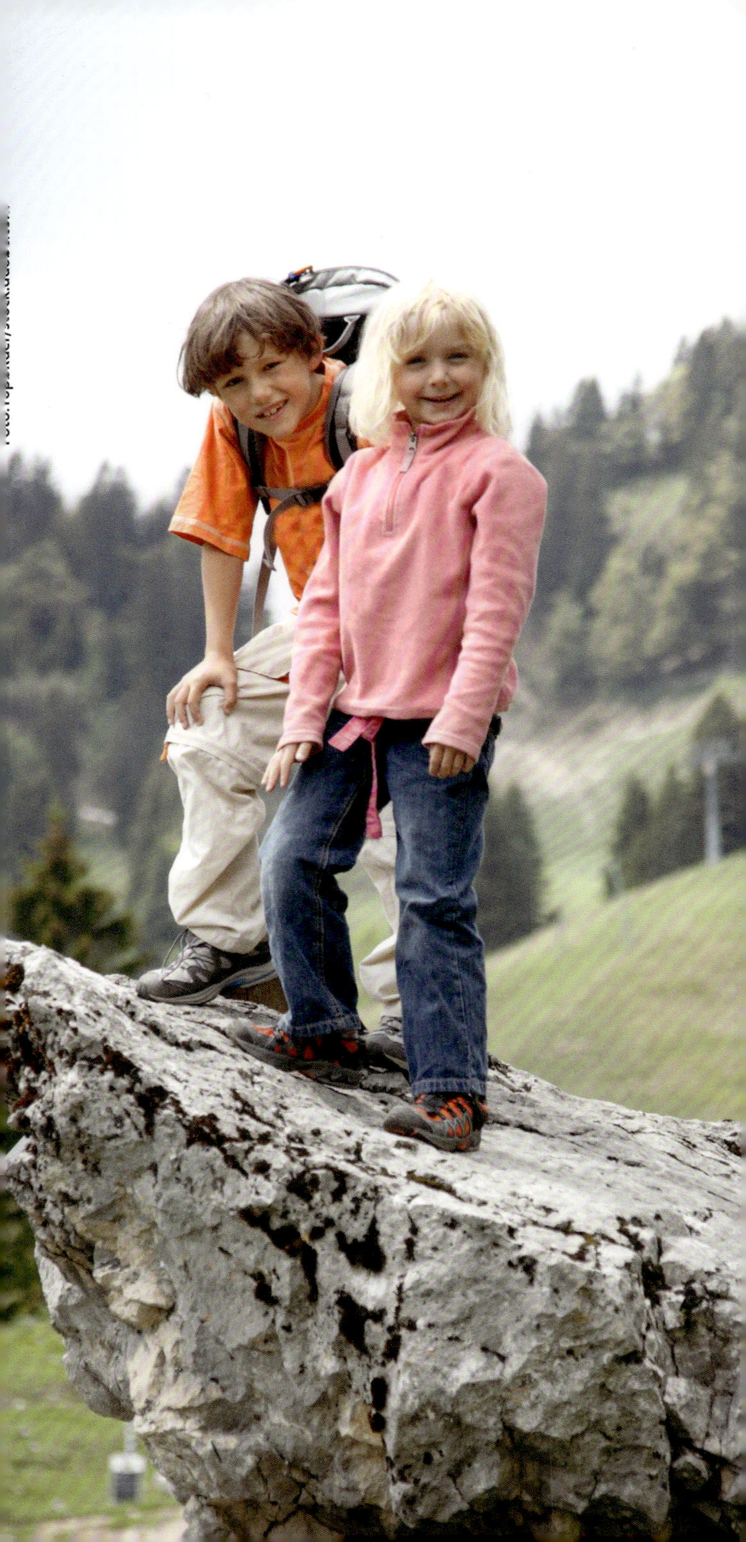

Übersicht Alpen

● Leicht ● Mittel ● Anspruchsvoll